A Bíblia do Investimento em Criptomoeda

O Guia Definitivo Sobre Blockchain, Mineração, Trading, OIM, Plataforma Ethereum, Bolsas, Top Criptomoedas Para Investir e Estratégias Perfeitas Para Ganhar Dinheiro

Alan T. Norman

Traduzido por

Andrea Luri Abe

Obtenha seu livro gratuito **Baleias do Bitcoin**

(Encontre o link no final deste livro)

Copyright © 2020 Alan T. Norman.

ÍNDICE

POR QUE VOCÊ DEVE LER ESTE LIVRO

A maioria das pessoas recebe novas ideias com grande medo, ceticismo e até negação. Naturalmente, é muito mais seguro ficar na zona de conforto e continuar andando na mesma trilha batida de sempre. No entanto, em algum momento, talvez valha a pena se perguntar: até onde esse caminho me levará? O mais provável é que não leve você além da volta da esquina.

Movimento é progresso. Portanto, você deve manter a mente aberta e aprender coisas novas para não se deteriorar enquanto o mundo segue em frente. Isso é verdade para muitas áreas de nossas vidas e também para as finanças pessoais.

Por um lado, o papel-moeda não é mais prevalente. Você provavelmente concordará que é mais conveniente pagar nossos custos e confortos com aquele cartãozinho de plástico emitido pelo seu banco. Este tipo de liquidação sem dinheiro é muito melhor por razões de segurança também.

Não faz muito tempo, a humanidade descobriu outro tipo de dinheiro completamente novo - dinheiro digital ou criptomoeda. Esta é uma nova geração de moeda que é criada através do uso de software de criptografia. Essas unidades de criptomoeda são formadas e mantidas através de criptografia algorítmica.

Eu gostaria de me concentrar um pouco nos tipos de problemas que a criptomoeda pode resolver. Essa é uma questão que vou abordar ao longo deste livro, mas, por enquanto, quero chamar sua atenção para um conceito chamado *confiança*. É esse importante problema que a criptomoeda resolve. Deixe-me explicar usando um exemplo da minha vida.

Decidi que queria criar um negócio e ganhar algum dinheiro quando estivava na faculdade. Três colegas e eu começamos a vender flores. Cada um de nós escrevia as informações sobre seus ganhos em um caderno velho, que íamos passando um para o outro. Quando o caderno chegou às minhas mãos, e eu realmente queria sorvete☺, me perguntei se poderia mudar os número registrados para meu próprio benefício. Mas eu me repreendi e pensei: e se meu amigo fizesse o mesmo? Assim, é óbvio que a desconfiança pode surgir mesmo entre os amigos mais próximos. A criptomoeda resolve este problema, pois não nos permite adicionar ou alterar algo, uma vez que está no sistema.

No entanto, o surgimento da criptomoeda, que resolve o enorme problema da confiança, não deve ser associado à explosão de um cometa, de um presente do céu ou de qualquer outro tipo de começo de conto de fadas. De fato, a criação da criptomoeda é muito mais simples.

Primeiro, as tecnologias correspondentes, como a EXEMPLE, apareceram e, em seguida, a criptomoeda surgiu em sua base, seguida pela mineração (a produção de criptomoeda). Somente depois disso, tokens, OIMs e vários modelos de negócios de criptomoeda surgiram com base em todo esse ecossistema. O registro, que as protege contra manipulação (por exemplo, repositório de banco de dados), tornou-se a primeira tecnologia na economia de criptomoedas. Há uma pequena (ou grande) peculiaridade de tais registros: você pode inserir qualquer dado nesse banco de dados, mas não pode forjar nada ou inserir informações retroativas. Esses contratos auto-obrigatórios são a segunda tecnologia importante no mundo da criptomoeda. Eles são *estreitamente ligados* ao banco de dados.

Não vou me aprofundar nos detalhes por trás de toda essa tecnologia neste livro já que expliquei o básico do meu livro anterior, *Dominar a Bitcoin para Principiantes (https://geni.us/bitcoin-pt).* No presente manual, vou dizer-lhe como funciona a criptomoeda, as dez principais criptomoedas e quais são os câmbios de criptomoedas e os câmbios de moeda digital. Também explicarei a implementação técnica do Blockchain, da plataforma Ethereum e de muitas outras questões do mundo da criptomoeda. O ponto mais interessante é que vou descrever muitas estratégias inteligentes de investimento.

Desde o início, quero avisá-lo que o mercado de criptomoedas está vivo e mudando. Funciona 24 horas por dia, sete dias por semana. Portanto, as informações atualizadas no dia em que escrevi o livro podem não estar tão atualizadas no dia em que você o ler. Eu recomendarei recursos neste livro os quais você possa consultar para acompanhar as mudanças.

A última coisa a mencionar aqui: suponho que haja céticos entre os leitores deste livro. Concordo que devemos conhecer todas as novas ideias, mantendo um certo grau de ceticismo, mas também devemos ser razoáveis. Portanto, antes de tirar conclusões precipitadas sobre a criptomoeda, sugiro que leia atentamente o livro e depois analise as informações que compartilho aqui. Dito isso, coloque seu veredicto sobre criptomoeda no congelador por enquanto.

Se você está pronto para mergulhar no mundo da criptomoeda, venha!

Capítulo 1. Mitos Sobre Criptomoeda e As Regras Principais Do Mercado De Criptomoeda

Antes de estabelecer metas no negócio de criptomoeda, vamos passar por alguns equívocos comuns sobre ela.

Mitos Sobre a Criptomoeda

Eu francamente admito que também quase me infectei com ceticismo em relação à criptomoeda no começo da minha jornada, já que muitas pessoas me assustaram dizendo que a criptomoeda é um empreendimento selvagem, uma pirâmide financeira ou algo parecido. Tais falsas crenças frequentemente afastam muitas pessoas do possível sucesso. Apenas um pequeno número de defensores verifica tais afirmações sobre criptomoeda, em vez de apenas acreditar cegamente nelas.

Tenho certeza de que você também ouviu alegações de que nenhum país jamais reconhecerá a criptomoeda, portanto a criptomoeda não tem futuro. Para refutar isso, basta lembrar o recente aumento no valor da criptomoeda. Alguns países já reconheceram a criptomoeda como meio de pagamento. Assim, este chamado "entretenimento para geeks" evoluiu para negócios muito reais de bancos de investimento e várias corporações.

Portanto, se você, pessoalmente, ainda não ganha dinheiro em criptomoedas, é mais provável que seja devido ao grande número de declarações mencionadas anteriormente, que você pode ter ouvido de pseudoespecialistas.

Vamos enumerar as declarações que fazem muitas pessoas desistirem no meio do caminho:

1. É muito arriscado. E se eu investir dinheiro e a criptomoeda for banida em todo o mundo no dia seguinte?
2. Eu não tenho nenhuma educação financeira, então eu não saberia o que estou fazendo;
3. Meu amigo / irmão / vizinho investiu dinheiro em criptomoedas e perdeu tudo;
4. O tema da criptomoeda é muito novo e difícil de entender, pois é melhor esperar alguns anos quando tudo ficar claro.

Todas essas declarações são apenas desculpas para a sua inércia. Enquanto você vem com mais desculpas, pessoas de todo o mundo já construíram um negócio no mercado de criptomoedas e estão lucrando. Pergunte a si mesmo: o que me faz pior do que essas pessoas? Se você perceber que não é pior do que seu amigo / irmão / vizinho, que já ganha dinheiro no mercado de criptomoedas, então faça a seguinte pergunta: por que eu deveria entrar no mundo dos negócios de criptomoedas agora mesmo?

POR QUE VOCÊ DEVE ENTRAR NO MUNDO DOS NEGÓCIOS DE CRIPTOMOEDA AGORA

Então eu vou responder a esta questão ponto por ponto. Cada um dos argumentos começará com as palavras **agora mesmo**, para que você entenda melhor por que deveria fazer isso **agora mesmo**.

Primeiro, **agora mesmo** há muito pouca concorrência no mercado. Alguém se surpreendeu? É verdade. Sim, o interesse neste tópico cresce constantemente, mas em geral a concorrência ainda é muito baixa. Este mercado ainda é bastante "selvagem" e não dominado. A razão para isso é que a maioria das pessoas costuma não confiar em novas tendências e empreendimentos, como já mencionamos acima.

Em segundo lugar, **agora mesmo** você pode obter altos retornos nesse mercado. Os preços da criptomoeda estão no estágio de crescimento e desenvolvimento, mas mesmo assim, você pode ganhar uma quantia razoável de dinheiro. Contanto que gerencie seus riscos com sabedoria, você pode obter lucros com o tempo.

Terceiro, **agora mesmo** existem muitos espertinhos no mercado. Eles chegam ao mercado de criptomoedas para fazer um dinheirinho rápido sem se aprofundar no assunto. Normalmente, essas pessoas vêm dos esquemas de pirâmide liderados pelos chamados "especialistas" que ensinam as pessoas sem ter nenhuma experiência real no assunto. Devo admitir que o mercado encorajou essas pessoas no começo, quando tiveram a chance de ganhar muito dinheiro na época. No entanto, hoje em dia, se você quiser alcançar algo como isso no mercado de criptomoedas, você terá que fazer esforços reais.

Em quarto lugar, **agora mesmo** existem baixos riscos no mercado. Cinco anos atrás, a maioria das pessoas esperava pelo dia em que a criptomoeda seria banida oficialmente. Atualmente, muitos países ao redor do mundo já reconheceram a relevância da criptomoeda. A criptomoeda ganhou tal impulso que ninguém pode simplesmente pressionar o botão de parada agora. Você realmente acha que esse fato não prova que você pode investir seu dinheiro sem medo de várias proibições e restrições?

Finalmente, antes de passar para as regras do jogo no mercado de criptomoedas, sugiro considerar o futuro da criptomoeda através do exemplo da empresa Tesla. Atualmente, o custo de um Tesla é estimado no valor que, de acordo com as previsões dos especialistas, ele não poderá recuperar suas despesas em 300 anos. Por que os especialistas inteligentes classificam Teslas tão altamente? Vamos resolver isso.

Hoje em dia, um carro elétrico é bonito e elegante, mas caro e não é um veículo muito prático. No entanto, os especialistas não estão preocupados com hoje. Eles visualizam um futuro que pode se tornar realidade em 20 ou 30 anos. É difícil imaginar nos próximos anos os carros comuns que vemos diariamente nas ruas agora. Você pode imaginar seu antigo carro amado no futuro, mas, pessoalmente, imagino algum tipo de veículo semivoador com painéis solares ou algo ainda mais sofisticado. Portanto, é o veículo elétrico que terá um futuro brilhante e bem-sucedido, e a Tesla provavelmente ocupará uma posição de liderança no mercado.

Acontece que, em geral, ninguém sabe ao certo se a Tesla manterá sua posição no mercado pelos próximos 20 a 30 anos. No entanto, muitas pessoas acreditam firmemente que isso acontecerá, e essa crença faz com que elas invistam na empresa. Portanto, pessoalmente, posso facilmente acreditar que a Tesla manterá o monopólio em todo o setor de fabricação automotiva em 20 anos.

Como este exemplo está ligado ao futuro da criptomoeda? Hoje em dia, algumas pessoas veem a criptomoeda (como um veículo elétrico) como algo sem sentido - uma tendência moderna, interessante e tecnicamente curiosa. Mas uma tendência, no entanto. No entanto, essa pequena gota agora deve crescer em um grande mar dominante no futuro.

DEFINIR METAS E IDENTIFICAR AS PRINCIPAIS REGRAS DO MERCADO

Antes de abrir novos caminhos, verdadeiros profissionais aprendem as regras do jogo e estabelecem metas, determinando o tipo de resultado que desejam alcançar. Como somos profissionais, primeiro vamos lidar com essa tarefa.

Os seguintes pontos devem certamente estar entre os objetivos comerciais de criptomoeda que você definirá para si mesmo:

- defina a soma específica de dinheiro ou porcentagem de sua renda que você investirá mensalmente na área de criptomoeda;
- defina o grau de sua disponibilidade para riscos;
- defina seus objetivos específicos a curto e longo prazo.

Tendo definido as metas, é importante entender o que é necessário para uma inicialização bem-sucedida e rápida no mercado de criptomoedas. Você ficará surpreso, mas a teoria é a coisa menos importante neste campo. Muitas pessoas dizem que lhes falta informação e conhecimento para fazer este tipo de negócio. No entanto, a maioria das estratégias sobre as quais falarei não exige um profundo conhecimento do mundo dos negócios de criptomoedas. Será o suficiente para você ter controle sobre os princípios básicos da economia da criptomoeda.

Então qual é o problema? Você precisa praticar. Só praticar, não um livro (nem o meu), ajudará você a entender onde comprar, onde vender, como armazenar e como transferir criptomoedas.

Também precisa de:

- Diversas estratégias prontas com baixo risco para entrar no mercado;
- Capacidade de filtrar conteúdo e informações ao seu redor;
- Comunicação com operadores mais experientes do mercado de criptomoedas e "espionagem" em suas ações;
- Gestão de Riscos;
- Uma auditoria de um curador experiente.

E agora vamos para a afirmação que você deve lembrar de uma vez por todas: fazer qualquer investimento no mercado de criptomoedas É UM RISCO. Se você não está pronto para aceitar isso, nem se incomode em tentar. Qualquer opinião ou previsão para o desenvolvimento de uma moeda em particular, a confiabilidade do OIM (isso será discutido mais adiante) é apenas uma posição tendenciosa. Não há uma única pessoa em todo o mundo que possa lhe dar uma garantia de ferro para futuros desenvolvimentos. Não há nenhuma decisão absoluta e garantias de 100%. Eu ou outra pessoa só podemos dar-lhe um conselho, não garantias.

Você é a única pessoa a assumir a responsabilidade por cada decisão. Você não deve, consequentemente, culpar um recurso on-line - onde lê sobre as perspectivas de alguma moeda - ou um amigo que recomendou a você uma confiável, ou mesmo a mim, para suas possíveis perdas financeiras! Eu, como autor deste livro, compartilharei meus pensamentos sobre criptomoedas confiáveis com você. No entanto, esta será apenas a minha opinião subjetiva, novamente, apenas neste exato momento. Portanto, se você tende a culpar os outros por seus possíveis fracassos, não a si mesmo, é melhor fechar esse livro imediatamente e não perder tempo.

O mercado de criptomoedas está vivo e em constante mudança. Portanto, ao lidar com o comércio de criptomoedas, é preciso aprender a assumir a responsabilidade pessoal por suas decisões e sempre lembrar que nenhum ganho pode ser obtido sem correr riscos. Sim, existem estratégias menos arriscadas, mas existem riscos em qualquer caso. Invista apenas a soma que você está disposto a perder sem muito arrependimento.

Agora, coloque o livro de lado e anote as duas regras que você nunca deve quebrar:

1. Não invista até o último centavo.
2. Tenha uma reserva de dinheiro para aproveitar oportunidades.

E finalmente, os iniciantes devem aprender vários pontos de segurança:

- Ao negociar na bolsa, proteja sua conta com autenticação de dois fatores e mantenha seu nome de código privado.
- Sua senha deve ter pelo menos 26 caracteres; um gerador de senha especial pode ajudá-lo a criar um.
- Nunca guarde todo o seu dinheiro em um mercado ou em uma carteira.
- Negocie apenas em bolsas testadas e comprovadas.
- Não use pontos de acesso público para negociar no mercado de criptomoedas.

Capítulo 2. Princípios Básicos da Criptomoeda e o Batman dos Nossos Tempos

Vamos dar uma abordagem completa a esse tópico, começando pelo setor bancário.

Todo o sistema bancário dos nossos dias, independentemente do país, está organizado de tal forma que não possuímos o nosso dinheiro. Os bancos centrais em qualquer estado detêm o monopólio das emissões, que é fornecido através de legislação, criando um obstáculo seguro à legalização das criptomoedas.

A moeda fiduciária é um termo usado pela comunidade de criptomoeda para designar uma moeda sem valor intrínseco como dinheiro por regulamentação governamental ou lei (dólar, euro, etc.).

Em teoria, essa moeda deve ser garantida pelo menos pelos bens, produtos ou serviços que são produzidos no território de um determinado país (PIB), de modo que cada cidadão deste país possa trocar seu dinheiro por produtos. Todos os bancos do país também usam a mesma moeda, e o banco central promete manter sua estabilidade e confiabilidade. É assim que funciona na teoria, mas ninguém pode garantir a estabilidade da moeda.

O governo de um país é o principal cliente de todos os bens e serviços para a população, ou seja, um dos maiores empregadores. É também o maior cliente para a construção de estradas, casas, hospitais, escolas, etc. Isso compõe a parte do leão do PIB de cada país em particular. Assim, o governo garante a vida da população - paga pensões e benefícios sociais. Todos esses fundos são retirados do banco central, que pode emitir moeda e financiar o governo.

Uma política _apelidada de flexibilização quantitativa_ já foi implementada nos EUA e depois se espalhou para a Europa e o Japão. Devido a esse fenômeno, a quantidade de dinheiro no mundo aumentou muito, enquanto o poder de compra do dólar diminuiu nos últimos 100 anos em 95%. Essa tendência continua. Quanto mais dinheiro existe, mais barato ele se torna.

É importante ter em mente que cada tipo de moeda sofre inflação, o que indica a depreciação da moeda ao longo do tempo. Em outras palavras, a inflação é a velocidade da circulação monetária. As economias dos países têm ciclos próprios à medida que as pessoas pegam empréstimos e depois os pagam.

Não posso deixar de mencionar esses empréstimos. Nos EUA, as taxas de juros dos empréstimos são em média de 1%. Eles permaneceram no nível zero por um longo tempo no passado. Os bancos centrais emitiram dinheiro e compraram ativos financeiros e, portanto, os pobres continuaram pobres e as pessoas que tinham ativos financeiros, ações ou imóveis tiveram lucro constante. É por isso que cada crise torna os pobres ainda mais pobres e os ricos ainda mais ricos. Esses processos resultam em uma estratificação muito poderosa da população. No entanto, infelizmente, a economia funciona dessa maneira, e nos aproximamos de uma espécie de beco sem saída, como muitos analistas financeiros afirmam. Tudo isso para demonstrar que os bancos centrais não cumprem muito bem sua função.

Então, as pessoas começaram a procurar uma maneira alternativa de preservar o valor do dinheiro. Se não multiplicá-lo, pelo menos não perdê-lo. É por isso que muitas pessoas investem em ouro, instrumentos de renda fixa, ações, etc. Ao mesmo tempo, a economia começou a se desenvolver rapidamente depois que a Internet apareceu, então as pessoas perceberam que não precisam mais guardar dinheiro em forma física. Assim, o conceito de dinheiro eletrônico surgiu.

A ideia de criar uma moeda digital como o Bitcoin não é inteiramente nova. Ainda assim, há uma diferença entre o Bitcoin e outros tipos de dinheiro digital. Se você usa sistemas de dinheiro eletrônico como PayPal, Western Union ou Skrill, suas finanças são armazenadas nas mesmas empresas. Neste caso, lidamos com a gestão centralizada de dinheiro, ou seja, o destino do seu dinheiro depende de decisões de pessoas específicas dessas empresas. Você não tem poder para influenciar essas decisões.

As Vantagens da Criptomoeda

As criptomoedas são bem diferentes. Essas moedas não dependem de um único centro de processamento de transações. É muito difícil rastrear transações de criptomoedas e é impossível cancelá-las. Usando esse tipo de moeda, duas pessoas podem realizar uma transação de compra e venda diretamente na Internet, sem recorrer ao centro de transações financeiras.

Mas vamos discutir mais detalhadamente as vantagens da criptomoeda sobre o dinheiro fiduciário ou tradicional. Tais vantagens são óbvias!

- ✓ **Padrões de emissão e circulação**: a criptomoeda é estabelecida uma vez e é inviolável, enquanto os padrões de moeda fiduciária são alterados arbitrariamente pelos bancos centrais.
- ✓ **Como a emissão é feita**: as criptomoedas fluem da rede para o participante,

enquanto o dinheiro tradicional flui do banco central para os bancos, dos bancos para empresas e apenas das empresas para os participantes.

✓ **O fluxo de fundos**: direto para criptomoeda; através de bancos, sistemas de pagamento e dinheiro para moedas tradicionais.

✓ **O número de participantes**: 5 milhões para criptomoeda; 7 bilhões para dinheiro tradicional.

✓ **Velocidade de transação**: alta para criptomoeda; baixa para dinheiro tradicional.

✓ **Anonimato**: sempre possível para criptomoedas; às vezes é possível quando se trata de dinheiro vivo em moeda tradicional.

✓ **Inflação**: impossível apenas para criptomoedas; uma realidade constante para o dinheiro tradicional.

✓ **Taxa de volatilidade**: definitivamente alta para criptomoeda; baixo para dinheiro tradicional.

O INVENTOR DO BITCOIN E POR QUE ELE É O BATMAN DOS NOSSOS TEMPOS

No meio da crise financeira global de 2008, alguém sob o nome de Satoshi Nakamoto projetou o Bitcoin e criou sua implementação de referência original. Ele lançou o primeiro software Bitcoin que lançou a rede e as primeiras unidades da criptomoeda Bitcoin. O Bitcoin tornou-se um novo tipo de moeda digital, muito diferente de todas as outras. Sua principal diferença reside no fato de ser descentralizada. Portanto, cada participante não pode influenciar seu destino.

A seguinte pergunta surge: existem muitas pessoas na rede, elas não se conhecem e é lógico que elas não confiem umas nas outras. Então, como eles podem ter certeza de que os pagamentos são realizados e seu dinheiro não será roubado? No entanto, tudo foi pensado com antecedência por Satoshi Nakamoto e cuidadosamente descrito por mim no livro *Mastering Bitcoin for Starters*. Basta dizer que a visão de Nakamoto para uma moeda descentralizada se manteve fiel, resolvendo muitos problemas.

A propósito, a identidade de Satoshi Nakamoto ainda está envolta em mistério. Várias tentativas foram feitas para revelá-la porque algumas pessoas acreditam que Satoshi Nakamoto é um grupo de pessoas e não uma pessoa. No entanto, nenhuma dessas tentativas se mostrou bem sucedida.

Capítulo 3. Bitcoin e Mineração

Para decifrar a essência do Bitcoin, precisamos mergulhar um pouco no assunto da mineração. Vou falar sobre mineração como uma estratégia de investimento mais tarde, mas por enquanto vamos considerar a mineração apenas em termos do surgimento do Bitcoin.

Há alguns anos, muitas pessoas viam a mineração, a produção de criptomoeda ou Bitcoins, como uma espécie de hobby. Muitos jogaram esse *jogo* até que aconteceu a famosa situação com pizza. Esse dia é conhecido como o Dia da Pizza na comunidade de criptomoedas. Em 22 de maio de 2010, um programador pagou a um usuário do fórum Bitcoin 10.000 BTC por duas pizzas. Naquela época, o Bitcoin era quase inútil. Essas duas pizzas custam ao usuário aproximadamente US$ 25. Atualmente (outubro de 2017), um Bitcoin custa mais de US$ 5.000. Você pode facilmente calcular que essas duas pizzas custaram a esse cara milhões de dólares.

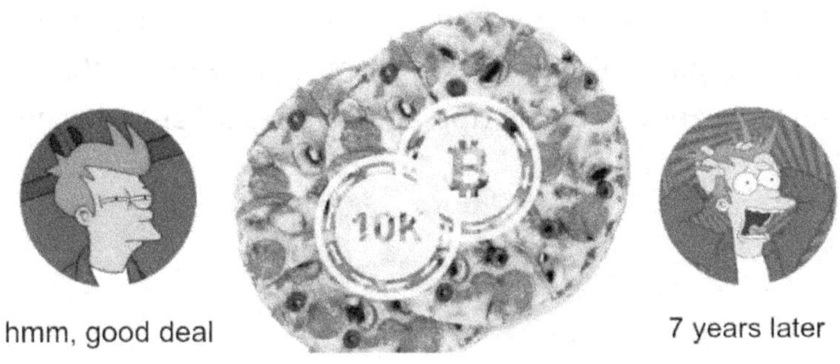

Essa foi a primeira vez que o Bitcoin penetrou no mundo real.

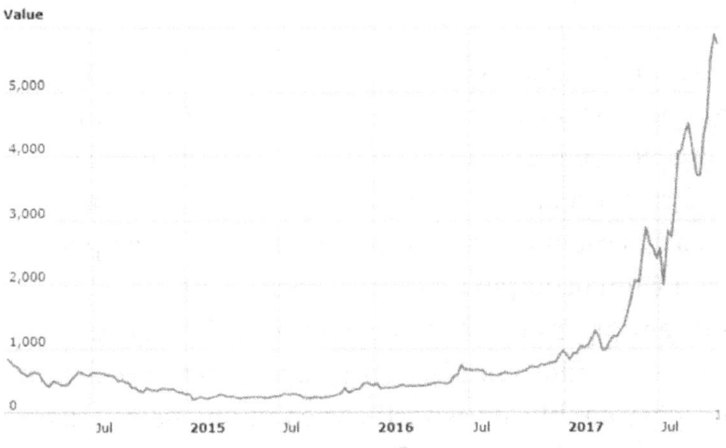

Este gráfico mostra que o Bitcoin teve seus altos e baixos. No entanto, seu valor se multiplicou várias vezes desde 2016.

O Bitcoin foi minerado pela primeira vez em escala industrial quando seu valor começou a aumentar. Primeiro, o poder da computação foi usado para minerar o Bitcoin. Mais tarde, os mineiros começaram a usar placas gráficas para formar os blocos. Agora, eles usam equipamentos especializados chamados ASIC. As maiores fazendas desse tipo agora estão localizadas na China.

COMO FUNCIONA O PROCESSO DE MINERAÇÃO

Mineração é o processo de produzir novas criptomoedas ou bitcoins. Vamos ver como funciona a mineração. Quando, por exemplo, você envia dinheiro de sua carteira para a carteira de outra pessoa, suas transações caem no chamado "mempool". O mempool Bitcoin é uma coleção de todas as transações aguardando para receber uma confirmação de rede. Mineiros, guiados por seus próprios princípios, coletam transações em blocos específicos e tentam inseri-los no Blockchain. Cada bloco no Blockchain gera a cada dez minutos.

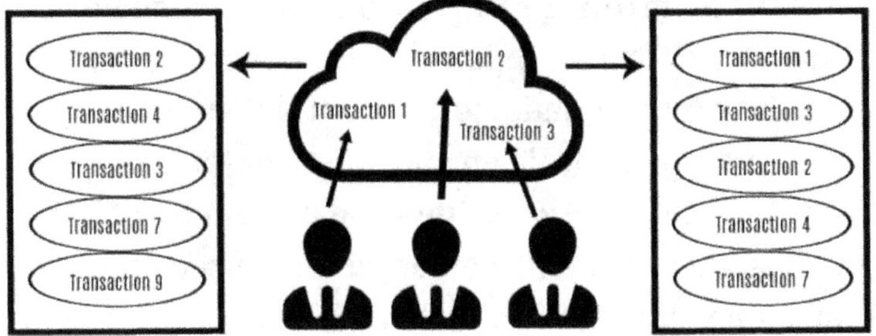

É assim que vemos a transação do Bitcoin.

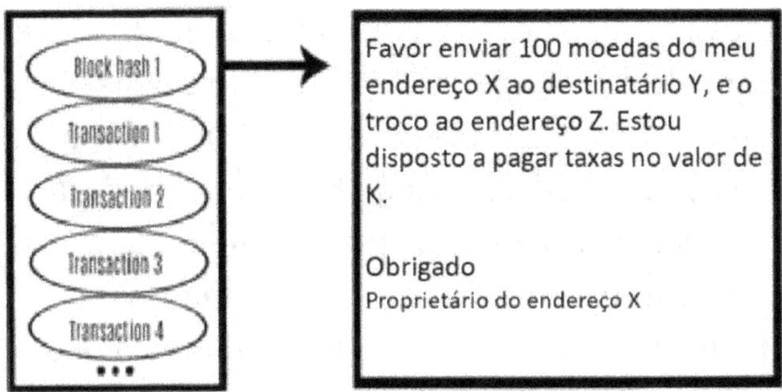

É assim que um computador a vê.

Input Scripts

OP_FALSE
3044022017283cd956-
c4055464f5495a2c0d331a20f133115c708a4b54855ac386fd23b10c0220 7c5bo33650e4089de1e0e8759302964d931da6939b23553e3a87852f063f6a0203
3045022100 8c4df3615360c2b26f7655da5bdc995eb2cc24e7759a60c0ee6dbbcab0b1899a02206510289 56b0868f94551 7ae8647183e4e06e77d3d725f06 0
d3c9d71374d33cff501
5221 03a623c04847602e74d38ac999177741d6b475c64e2abfe13fc55dbcde3aea0463121 03aa7e10 8ae96a09f1347 8fa1 52a1c48ff7 34e14f5064169755b465
09a9519fc62ae

OP_FALSE
3045022100 83475cd31a99906966bf069e910043 8b3a2d29129 32 be48e3637932973 689276 3302206edcca0740 661 8c17-48917dc302a 78b48f50413721c867
dcb22de7 45f 81c1c5701
3044022065ae58aa0b 776 8193 757c72a 39ad89c 5fff3 53465 13a9 406c 39d0 2389a3 8a600 2207 80 5b11a6089 7e8cae51a4b 14ff00bdc2021686089 90a3 8c292
eecf6960be66601
5221 03362 3c04847602e74a 38ac999 77741d6b475ce8e2abfe 13fc 55dbcde 3ae a0463121 03aa 7e10 8ae96a09f13478fa152a1c48ff734a 14f5064169795b6d46
509a9519c52ae

Output Scripts
OP_DUP OP_HASH160 d42637980714 1a3ad30a6 dc08 d3 c9da5822e21877 OP_EQUALVERIFY OP_CHECKSIG
OP_HASH160 f0071e114 108725a45d5d5 d49d1d7a3f091e56be OP_EQUAL

Um mineiro recebe uma recompensa pela mineração de
um bloco. Atualmente, a recompensa é de 12 bitcoins.

Isto é, se você introduzir um bloco bem formado no sistema, obterá tal recompensa. A propósito, o primeiro bloco (Gênesis) foi criado por Satoshi Nakamoto. Qualquer pessoa poderia encontrá-lo e obter 50 bitcoins por ele. Hoje, a recompensa por um bloco formado adequadamente começa a cair. Dizem que ele vai cai a um valor infinitesimal até 2140.

Um dia, os mineiros perceberam que não era rentável minerar sozinhos. A probabilidade de você encontrar o tal bloco depende da "taxa de hash" ou quão poderosa é a sua máquina de mineração de Bitcoin. Sob certos valores aceitáveis, se dissermos que sua taxa de hash representa 10% do total da taxa de hash, você poderá encontrar esses blocos com uma probabilidade de 10% e receber sua recompensa. Então, se você apenas usa meu laptop em casa, nunca encontrará um novo bloco. Portanto, a fim de obter uma recompensa mais estável, os mineiros se unem nos chamados pools de mineração. Eles usam suas taxas de hash unidas para obter lucros mais regulares.

Agora muitos mineiros começaram a pensar: por que eu deveria minerar se eu posso comprar Bitcoin? Também é uma boa ideia, já que o valor do Bitcoin é determinado apenas pela crença das pessoas que o utilizam, enquanto seu custo é determinado pela demanda. Se ninguém comprar o seu Bitcoin, não vai custar nada. Portanto, desde que as pessoas vejam essa tecnologia como uma oportunidade para usá-la anonimamente, fazer grandes pagamentos, e assim por diante, o valor do Bitcoin ganhará força.

Eu não vou me concentrar no Bitcoin em detalhes, porque dediquei meu livro anterior, *Dominar a Bitcoin para Principiantes (https://geni.us/bitcoin-pt)*, a este tópico. Por enquanto, vou considerar as vantagens do Bitcoin, que ainda levantam algumas questões.

A primeira vantagem é o **baixo custo de transação**. No entanto, devemos ter em mente que o Bitcoin não é bom o suficiente para micropagamentos. Se você transferir a alguém $ 1 milhão, custará um centavo. No entanto, se você decidir pagar por uma xícara de café, as taxas serão grandes em comparação com o custo do seu café.

A segunda vantagem é **alta velocidade do processamento das transações**. Aqui também estão alguns problemas. Na verdade, cada bloco no Blockchain gera a cada dez minutos, ou seja, a transação mais rápida possível leva dez minutos. Parece bastante rápido se comparado à transferência SWIFT em um banco, o que pode levar de 2 a 4 dias. No entanto, Visa e MasterCard são muito mais rápidos. Eles podem processar dezenas de milhares de vezes mais transações por unidade de tempo do que o Bitcoin. Vale a pena notar que agora existem outros tipos de criptomoeda que foram desenvolvidas para serem mais rápidas que o Bitcoin.

A terceira vantagem é o **pseudoanonimato dos participantes**. Nós já estudamos que qualquer um pode rastrear todas as transações na rede. Se você conhece o proprietário exato de uma carteira, pode rastrear absolutamente todas as transações realizadas a partir dela. Assim, não se pode dizer que o Bitcoin é absolutamente anônimo. Assim que alguém consegue relacionar seu endereço com sua pessoa, o anonimato desaparece. Mas se você observar a chamada "higiene cibernética", o que significa que você não mostre sua carteira a ninguém, basicamente suas transações não podem ser rastreadas. Devo mencionar, no entanto, que existem outras criptomoedas que são mais anônimas do que o Bitcoin.

A propósito, se você quiser ficar anônimo ao fazer transações na rede Bitcoin, isso já é possível. Existem muitos serviços que lavam seus bitcoins. Eles são chamados de "serviços de mixagem" e são usados para misturar os fundos com bitcoins de uma pessoa com os de outras, com a intenção de confundir a trilha de volta à fonte original dos fundos. Como você vê, novas tecnologias surgiram para intensificar o anonimato das criptomoedas.

E, finalmente, agora mais de 16 milhões de bitcoins circulam no mundo, enquanto um total de 21 milhões serão minerados. Tais figuras são programadas pelo algoritmo da própria rede. A quantidade limitada de Bitcoin torna a inflação desta moeda impossível. Esta moeda não se deprecia ao longo do tempo porque apenas uma certa quantia será emitida. O Bitcoin ainda tem um modelo deflacionário: muitas pessoas perdem suas moedas esquecendo a senha da carteira ou enviando dinheiro para o endereço errado. Portanto, o número de bitcoins diminuirá gradualmente.

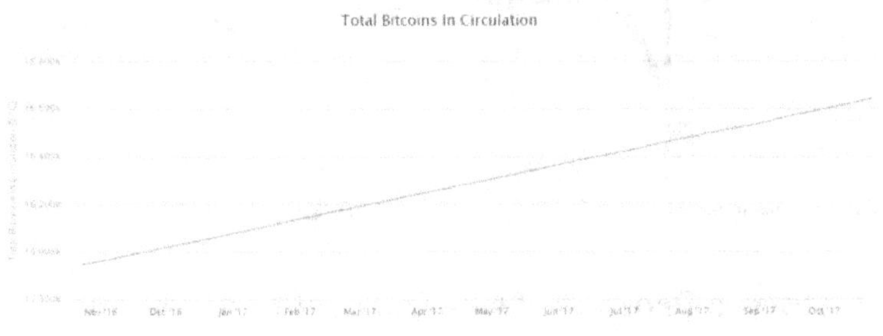

Prova de Trabalho e por que é importante

Os maiores problemas da rede Bitcoin foram os seguintes: como ter certeza de que as transações são realmente verdadeiras; como ter certeza de que um mineiro não engana ninguém; o que deve ser feito para escolher o bloco correto e realmente construir o Blockchain. Todas estas questões são resolvidas através do *algoritmo de consenso*.

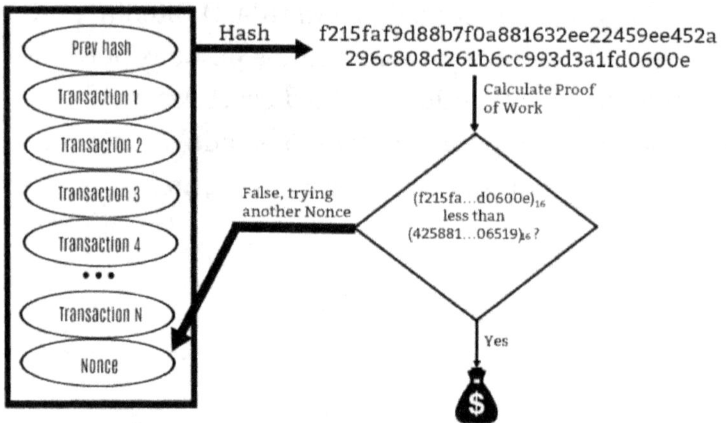

O **Protocolo Prova de Trabalho** confirma que um mineiro faz uma enorme quantidade de trabalho para encontrar um nonce correto e obter um hash bem-sucedido. Você deve gastar muito tempo para encontrar o necessário. Explicarei em mais detalhes.

A dificuldade do bloco é ajustada a cada 2016 blocos e depende de quantos zeros estão no início de um determinado hash. Não é difícil encontrar o hash em si, mas é difícil encontrar um hash bem-sucedido com um certo número de zeros. Se você tiver o hash de um bloco anterior, bem como o timestamp e a hora da transação, parece que é muito fácil criar um novo hash a partir disso e processar esse bloco. No entanto, você precisa encontrar um nonce, cujo valor é definido para que o hash do bloco contenha uma série de zeros à esquerda. Muito tempo é necessário para isso. Uma vez que os mineiros encontram esse hash bem-sucedido, eles enviam um bloco para o Blockchain. Ou seja, eles já confirmaram todas as transações, tendo feito algum trabalho. Portanto, não há sentido em enganar alguém, pois esse trabalho é muito difícil de ser feito.

Depois disso, todas as informações são distribuídas nos nós. Primeiro, um minerador envia um nó. Ele pode verificar se, por exemplo, as pessoas que enviaram dinheiro do ponto A para o ponto B realmente tinham esse dinheiro, ou seja, se todas as transações são válidas. Em seguida, os nós começam a trocar essas informações entre si e, assim, o bloco é formado.

Em teoria, pode acontecer que dois mineiros criem um e o mesmo bloco. Como o Blockchain vai escolher qual bloco é melhor? O primeiro princípio é a velocidade. O segundo princípio é "sucesso" de um hash. Portanto, "sucesso" de um hash é exatamente o esforço que os mineiros devem fazer dentro do protocolo de Prova de Trabalho.

Outra razão pela qual você precisa escolher um hash "bem-sucedido" é um ajuste na dificuldade da rede. Quanto mais mineiros aparecem, mais as dificuldades de rede aumentam, o que significa que as transações podem ser processadas mais rapidamente. Se os mineiros desaceleram em encontrar os blocos, a dificuldade diminui.

Deixe-me adicionar mais algumas palavras sobre como resolver a situação quando vários mineiros criam blocos idênticos na rede. A essência do consenso Blockchain é que a maior cadeia de blocos é considerada justa. Se os blocos começarem a ser construídos em uma direção diferente da sua, o seu primeiro bloco cairá novamente no conjunto de transações não confirmadas. Isso geralmente acontece quando a rede está sobrecarregada. Então, para ter certeza de que os próximos blocos serão construídos exatamente sob o seu bloco e você receberá a recompensa, espere até que vários outros blocos sejam formados após o seu. Se mais de cinco blocos forem formados, o dinheiro é definitivamente seu.

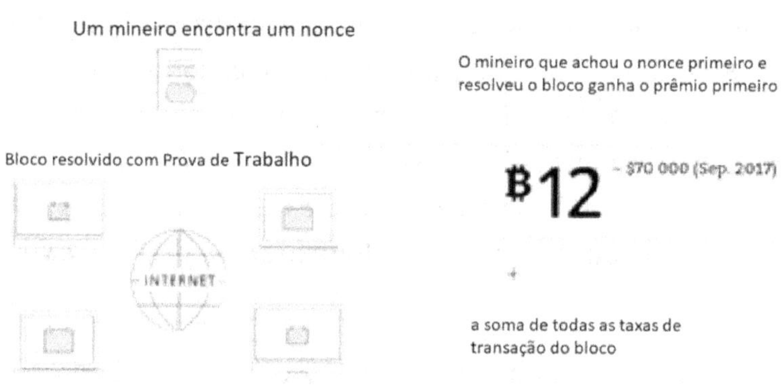

No final da subseção anterior, discutimos os prós do Bitcoin, então agora é hora de falar sobre os contras do Blockchain, ou seja, o ataque de 51% ou o gasto duplo. Explicarei.

Qualquer pool de mineração pode unir seus esforços a tal ponto que a probabilidade de gerar o próximo bloco nesse pool pode ser de 51%. A comunidade de criptomoedas uma vez testemunhou a situação quando os membros de um pool de mineração chinês restringiram artificialmente os novos membros de seu sistema e conseguiram gerar cerca de seis blocos seguidos. Foi depois desse incidente que ficou claro que se deve aguardar a confirmação da transação por uma hora, não por dez minutos. Isto é, se você criar cinco blocos, e cada um deles for formado por dez minutos, multiplicamos por cinco e obtemos 50 minutos.

Capítulo 4. Blockchain

Antes de entrar em qualquer um dos detalhes técnicos por trás da tecnologia Blockchain, é importante entender os problemas que o Blockchain resolve. Por que precisamos do Blockchain e o que ele faz que nossa tecnologia atual não pode fazer?

Os primeiros adeptos da tecnologia Bitcoin e Blockchain identificaram o que eles perceberam como uma falha fundamental na maneira como pensamos sobre transações, confiança e instituições sociais. As primeiras versões do Blockchain ocorreram na mesma época da crise financeira de 2007 nos Estados Unidos, quando muitas pessoas perderam a fé em instituições sociais que deveriam proteger os interesses do homem comum. É claro que as pessoas ficaram desiludidas com o sistema bancário na esteira da crise, mas também perderam a confiança no governo para regular os mercados financeiros e na imprensa para investigar possíveis crises.

A maioria das pessoas concorda que nossas instituições têm falhas e não são soluções perfeitas. Mas elas resolvem problemas de confiança e fazem isso há centenas de anos. Na verdade, estamos provavelmente vivendo na era mais pacífica e confortável da história da humanidade. Qualquer alternativa às nossas instituições atuais precisa ter vantagens e pontos fortes claros.

A ideia por trás do Blockchain é substituir instituições dirigidas por seres humanos imperfeitos por tecnologia que possa melhorar o trabalho e também capacitar os indivíduos. Se pudéssemos criar uma maneira de os estranhos confiarem uns nos outros sem precisar de um banco ou de um governo como intermediários, resolveríamos um dos maiores entraves da sociedade. Mas, para isso, precisaríamos de um sistema poderoso para criar consenso entre estranhos, e os criadores do Blockchain acreditam que o poder está na descentralização.

Basicamente, todas as aplicações do Blockchain (e outras tecnologias criptográficas) são baseadas no conceito de descentralização. Em vez de uma autoridade central rígida e lenta que toma decisões e rege as relações, o Blockchain procura devolver o poder regulatório aos indivíduos. Em vez de confiar em uma instituição principal, o Blockchain gera confiança por meio de consenso.

COMO O BLOCKCHAIN FUNCIONA?

Em termos mais simples, o Blockchain usa uma combinação de criptografia e um livro público para criar confiança entre as partes, mantendo a privacidade. Entender a mecânica de como isso funciona é um pouco mais difícil, mas para apreciar plenamente o gênio por trás da tecnologia Blockchain, precisamos nos aprofundar nos detalhes técnicos.

Embora o Blockchain possa incluir muitos outros recursos, os fundamentos de um Blockchain estão no nome da tecnologia:

O bloco: um bloco é uma lista de transações de um determinado período de tempo. Ele contém todas as informações processadas na rede nos últimos minutos. A rede cria apenas um bloco por vez.

A corrente: cada bloco está ligado ao bloco anterior através de algoritmos criptográficos. Esses algoritmos são difíceis de ser calculados por computadores e geralmente os computadores mais rápidos do mundo levam vários minutos para resolvê-los. Uma vez resolvida, a corrente criptográfica bloqueia o bloco, dificultando a mudança. Vamos ver isso mais profundamente em apenas um minuto.

A corrente cresce mais ao longo do tempo. Depois que um novo bloco é criado, os computadores na rede trabalham juntos para verificar as transações no bloco e proteger o lugar desse bloco na corrente.

A parte mais fundamental do Blockchain é o livro-caixa (ledger). É onde as informações sobre as contas na rede são armazenadas. O livro-caixa dentro do Blockchain é o que substitui o livro de registro em um banco ou outra instituição. Para uma criptomoeda, esse ledger normalmente consiste em números de contas, transações e saldos. Quando você envia uma transação para o Blockchain, você está adicionando informações ao ledger de onde a moeda está vindo e indo.

Um ledger de blockchain é distribuído pela rede. Cada nó da rede mantém sua própria cópia do ledger e atualiza quando alguém envia uma nova transação. Este "registro compartilhado" é como o Blockchain pretende substituir bancos e outras instituições. Em vez de manter o banco com uma cópia oficial do livro, todos manterão sua própria cópia e, em seguida, verificaremos as transações por consenso.

Cada tecnologia Blockchain tem seu próprio ledger, e os vários ledgers funcionam de forma muito diferente, como veremos. No entanto, o ledger do Bitcoin, o primeiro livro de registro do Blockchain, requer três informações para listar uma transação:

1. Uma entrada: se John quiser mandar um Bitcoin para David, ele precisa dizer à rede onde ele obteve o Bitcoin em primeiro lugar. Talvez John tenha recebido o Bitcoin ontem de Sarah, então a primeira parte da entrada do livro diz isso.
2. Uma quantia: quanto John quer enviar para David.
3. Uma saída: o endereço Bitcoin de David e onde o Bitcoin deve ser depositado

Agora vem o conceito que é difícil de entender: O Bitcoin não existe. Claro, não há Bitcoins físicos. Você provavelmente já sabia disso. No entanto, também não há Bitcoins em um disco rígido em algum lugar. Você não pode apontar para um objeto físico, arquivo digital ou pedaço de código e dizer: "este é um Bitcoin". Em vez disso, toda a rede Bitcoin é apenas uma série de registros de transações. Cada transação na história do Bitcoin mora no ledger distribuído do Blockchain do Bitcoin. Se você quiser provar que tem 20 Bitcoins, a única maneira de fazer isso é apontando para as transações em que você recebeu esses 20 Bitcoins.

Quase todas as blockchain têm essa característica em comum. O histórico de transações é a moeda. Não há diferença entre os dois. Algumas novas criptomoedas estão alterando a forma como o ledger é escrito para fornecer maior anonimato e privacidade nas transações. Eles usam certas técnicas de mascaramento de identidade para ocultar o remetente e o destinatário da transação, mantendo um ledger distribuído funcional.

CRIANDO UM BLOCO

O ledger é o núcleo do bloco, mas não é a única coisa que entra em um bloco recém-criado. Existe um cabeçalho e um rodapé necessários para cada bloco. Além disso, as transações incluídas no bloco são submetidas a um processo que as compacta, codifica e padroniza. Quando um verificador cria um novo bloco, ele parece completamente diferente do ledger no qual

foi baseado. No entanto, o ledger subjacente ainda está
lá e pode ser acessado no futuro quando novas
transações exigirem informações sobre os blocos
anteriores.

ADICIONAR TRANSAÇÕES

O primeiro passo na construção de um bloco é reunir e
adicionar todas as transações atuais ao ledger do bloco.
Quando um usuário cria uma nova transação, ele
transmite essa transação para toda a rede. Em seguida,
o computador de um verificador analisará a transação
para garantir sua validade.

Como as moedas Blockchain nada mais são do
que uma série de transações, o primeiro passo para
verificar uma transação é ver de onde o remetente diz
que originalmente recebeu o dinheiro. O verificador
reverá o histórico do Blockchain para encontrar o bloco
e a transação em que o remetente recebeu o dinheiro.
Se essa transação de entrada for confirmada no
Blockchain, a transação será válida e eles precisarão
confirmar o endereço da parte receptora. Se a transação
de entrada não foi confirmada, a transação atual é
inválida e não será incluída no ledger.

Depois que todas as transações nesse bloco forem
verificadas, é hora de criar o ledger. Aqui está um
exemplo simples, onde as transações são listadas uma
após a outra:

[Entrada] [Quantidade] [endereço de saída], [entrada] [quantidade] [endereço de saída], [entrada] [quantidade] [endereço de saída], [entrada] [quantidade] [endereço de saída], [entrada] [quantidade] [Endereço de saída] ...

Em seguida, o verificador aplicará uma técnica criptográfica chamada hashing para cada uma das transações. Na sua definição mais básica, o hashing usa uma sequência de caracteres e gera outra sequência de caracteres. Assim, quando você põe a entrada, a quantidade e o endereço de saída em um algoritmo de hashing, ele transformará a transação em uma sequência de caracteres exclusiva para essa transação, da seguinte forma:

aba128d3931e54ce63a69d8c2c1c705ea9f39ca950df13
655d92db662515eacf

(Este é um hash de transação real do Blockchain Bitcoin.)

Assim, o hashing é usado para padronizar os dados, garantindo que eles não sejam adulterados. Se alguém tentasse mudar uma transação no Blockchain, teria que refazer a transação e pareceria totalmente diferente. Seria óbvio que foi adulterado.

Para tornar ainda mais difícil adulterar o blockchain e reduzir a memória necessária para armazenar no ledger de transações, a maioria dos blockchains faz o hashing mais de uma vez. Isso significa que eles pegam o hash de uma transação, combinam com um hash de outra transação e re-hash em um novo hash menor. A combinação de transações dessa maneira é conhecida como Merkle Tree e o hash raiz de todas as transações é incluído no início do bloco. Entender por que precisamos de uma Merkle Tree é um tópico para um livro mais aprofundado, mas em um nível básico, a Merkle Tree mostra que todas as transações no bloco são válidas enquanto usa menos memória a longo prazo.

Carimbo de hora e ID do bloco

O elemento final em um bloco é o registro de data e hora e qualquer informação de ID de bloco. Isso facilita a consulta dos blocos anteriores mais tarde. Transações futuras também poderão apontar para esse ID de bloco contendo a transação de entrada (também conhecida como "base de moedas") para a transação atual.

Conectando Blocos

O passo final da criação de um bloco é conectá-lo aos blocos anteriores da corrente. Existem algumas maneiras de fazer isso, mas praticamente todas envolvem hashing de alguma forma para tornar o conteúdo do bloco anterior parte do novo bloco.

Lembre-se de que o hash necessita uma entrada e a transformação em uma sequência de caracteres, não importa quão grande ou pequeno seja. Se você alterar a entrada mesmo que levemente, toda a saída será alterada. Para incluir o conteúdo do bloco anterior no novo bloco, podemos pegar o hash de todo o bloco anterior e adicioná-lo ao início do próximo bloco. Fazer isso significa que efetivamente vinculamos o bloco antigo ao novo bloco, porque se algo mudar no bloco mais antigo, até mesmo a menor mudança, o hash do bloco inteiro será alterado.

Agora, quando um bloco é concluído, torna-se MUITO mais difícil de mudar. Fazer uma edição em um bloco mais antigo significa que você precisa fazer o hash de todo o bloco. Uma vez que você re-hash todo o bloco 1, você teria que quebrar o bloco 2, deletar o hash antigo do bloco 1, inserir o novo hash do bloco 1, e agora re-hash todo o bloco 2. Mas novos blocos estão sendo criados o tempo todo, portanto, para alterar uma transação antiga, você teria que editar todos os blocos depois que a transação ocorresse. Quanto mais tempo passa, mais difícil se torna invadir a rede e alterar com sucesso uma transação. É por isso que o hashing está no centro da segurança do Blockchain. A criptografia dificulta a troca do ledger de transações, o que significa que o ledger pode ser público e seguro ao mesmo tempo.

No entanto, o hashing em si não é tão difícil. A maioria dos computadores poderia re-hash facilmente um Blockchain em poucos segundos. Então, para garantir que a segurança do hashing faça o seu trabalho, precisamos introduzir um nível de dificuldade para a criação de um novo bloco. Idealmente, seria algo que retardaria um invasor e aumentaria a probabilidade de que membros honestos da rede venham a ganhar. No Blockchain dos Bitcoins (e na maioria dos blockchains modernos), essa dificuldade adicional é chamada de "Prova de Trabalho".

Não vou explicar Prova de Trabalho aqui, eu cobri uma explicação básica da Prova de Trabalho no capítulo 3 deste livro ou aprenda os detalhes em profundidade por trás desta tecnologia no meu livro *"Todo sobre Tecnología Blockchain" (https://geni.us/blockchain-es)*.

Capítulo 5. Carteiras ou como armazenar com segurança Bitcoin

Pessoas que lidam com criptomoeda usam uma carteira como depósito seguro e um instrumento para entrada e saída de pagamentos. Vamos analisar os tipos de carteiras e escolher o mais adequado com base nos recursos e tarefas do seu computador.

Existem carteiras quentes e frias. Há também carteiras mornas, mas elas são usadas com muito menos frequência. Carteiras frias são usadas para guardar dinheiro, enquanto carteiras quentes são usadas para enviar e receber dinheiro rapidamente.

Como regra geral, a carteira tem uma chave privada e uma chave pública. A chave privada pertence somente a você e você nunca deve mostrá-la a ninguém. Você deve ter isso em mente ao assinar todas as transações com essa chave. Ao mesmo tempo, outra pessoa pode usar chaves públicas para transferir dinheiro para sua conta, por exemplo, para um novo Ferrari.☺ Nesse caso, você deve dar a essa pessoa sua chave pública. Essa chave pode até ser publicada nas redes sociais. Não há nada com o que se preocupar.

Eu sugiro olhar os tipos de carteiras em bitcoin.org.

Bitcoin Core é a primeira carteira a ser considerada. É a carteira original de Bitcoin do lendário criador do Bitcoin Satoshi Nakamoto. É a única carteira oficial que é constantemente atualizada pela comunidade profissional do Bitcoin e armazena todo o banco de dados Bitcoin no seu computador, respaldando automaticamente a rede. O Bitcoin Core é altamente seguro e fácil de usar. No entanto, não recomendo instalar esta carteira no seu computador. A primeira sincronização demora muito tempo e o tamanho de uma carteira totalmente sincronizada atinge 100 GB, o que é uma desvantagem significativa.

Considero o Blockchain como a carteira ideal para usuários, especialmente para os preguiçosos. Não requer a instalação de aplicativos de terceiros no computador. Permite-lhe criar uma carteira Bitcoin em segundos e utilizá-la imediatamente. Esta carteira garante um alto nível de segurança para o seu Bitcoin, goza de uma reputação impecável e oferece suporte 24/7. A interface é simples e intuitiva, mesmo para iniciantes. A desvantagem teórica reside apenas no fato de sua carteira Bitcoin estar localizada em um recurso de terceiros, e não em seu computador.

MyEtherWallet é outro tipo de boa carteira. É a carteira mais popular para participação em OIMs (Oferta Inicial de Moeda). Abordaremos os OIMs mais adiante no livro, mas por enquanto, é importante saber que é muito semelhante a um OPI.

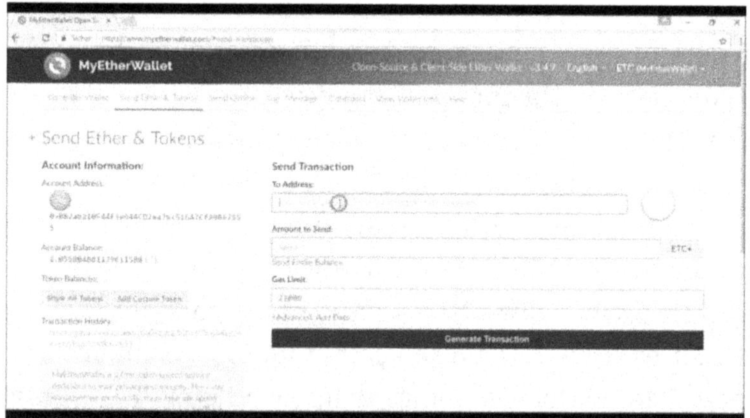

É bastante simples de usar: escolhemos o endereço de uma pessoa para quem queremos transferir dinheiro, indicamos a quantia e a transferimos. Essa carteira é chamada de "morna" porque contém um arquivo que você precisa fazer o download no seu computador e somente depois inserir um login para sua carteira.

Examinamos apenas alguns tipos de carteiras para Bitcoin e Ethereum, mas existem muitas para outras criptomoedas.

Other Wallets

Gostaria de mencionar que você pode usar várias carteiras simultaneamente: para armazenar dinheiro, fazer transações, para uso único (só uma vez).

Por exemplo, você pode armazenar o Ethereum e todos os tokens OIM relacionados a ele na carteira MyEtherWallet. Também recomendo usar a carteira Mist ao lidar com o Ethereum, embora demore muito para fazer o download para um computador. Também existem carteiras multimoeda que suportam várias criptomoedas, como Metamask e Jaxx.

ARMAZENAMENTO A FRIO E CARTÃO DE DÉBITO EM BITCOIN

Supondo que você queira aprender a armazenar corretamente as criptomoedas, abordarei mais detalhadamente a questão do armazenamento a frio.

Armazenamento a frio é um termo que se refere a chaves privadas, que geralmente são criadas e armazenadas em um ambiente isolado e seguro. Isso significa que seu dinheiro não estará localizado em nenhum site. Essa carteira se parece com um pendrive: você pode conectá-la a um computador e fazer uma transação rapidamente.

As carteiras de armazenamento a frio mais populares são Trezor, KeepKey. e Ledger.

Este método é muito popular por armazenar uma quantidade significativa de fundos em criptomoeda. Transações não são realizadas com muita frequência e a segurança é uma das principais prioridades. Portanto, o armazenamento a frio é mais adequado se você decidir manter seus fundos por um longo período.

Há outra opção confiável que permite armazenar sua criptomoeda: Cartões de Débito Bitcoin.

A essência desses cartões também é bastante simples. Você registra uma carteira no site e transfere bitcoins para ela. Depois disso, o serviço envia seu cartão de débito Bitcoin, vinculado ao seu número de celular, para o endereço indicado. É muito conveniente pagar suas compras usando este cartão. No entanto, aviso que esse método de armazenamento não é barato. Cada vez que você paga com este cartão, há uma taxa de cerca de 3%. Portanto, este método de armazenamento de Bitcoin não é totalmente adequado para uso diário. No entanto, este cartão é a escolha perfeita para pessoas que recebem seu salário em Bitcoin e desejam pagar por suas compras com esse cartão em qualquer lugar do mundo.

Finalmente, lembre-se de que uma carteira pode ser hackeada, portanto, qualquer opção de armazenamento ativo apresenta um certo nível de risco. Tome o mesmo cuidado que com seus cartões bancários: não armazene todo o seu dinheiro em um único cartão bancário. Você precisa de carteiras quentes para adicionar dinheiro à sua conta na bolsa de criptomoedas e fazer transações. Eles também são usados para participar da OIM. No entanto, eu recomendo que você guarde a maior parte do seu dinheiro em uma carteira fria. Não é conectada à Internet e, portanto, não pode ser invadida, o que a torna muito mais segura.

Para proteger sua carteira, crie uma conta de e-mail separada para cada carteira, proteja-a com autenticação de dois fatores e, o mais importante, anote todas as suas senhas em papel.

Capítulo 6 . Plataforma Ethereum

Criação e Como Funciona

Um dia, um programador canadense de ascendência russa, Vitalik Buterin, refletiu sobre as imperfeições do Bitcoin. Ele percebeu que usar Bitcoin (e criptomoedas em geral) para pagamento era apenas uma pequena parte de todo o seu potencial.

Percebendo a vantagem do Blockchain, que não está sujeito a alterações, ele apresentou um novo conceito: **contratos inteligentes**. Tendo em mente que é possível armazenar absolutamente qualquer informação nessa rede, Buterin decidiu criar sua própria blockchain chamada Ethereum.

A blockchain da Ethereum é semelhante à blockchain do Bitcoin, exceto que pode ser usada para outras coisas além de transações.

Uma das principais vantagens da blockchain da Ethereum é que cada novo bloco é gerado na rede em apenas 15 segundos, e não 10 minutos, como no caso do Bitcoin. No entanto, na minha opinião, outra vantagem importante do blockchain da Ethereum é que seu criador é uma pessoa real e viva. Vitalik Buterin tem investido no futuro de sua plataforma, visita várias conferências de criptomoedas, compartilha ideias, cria consórcios bancários etc.

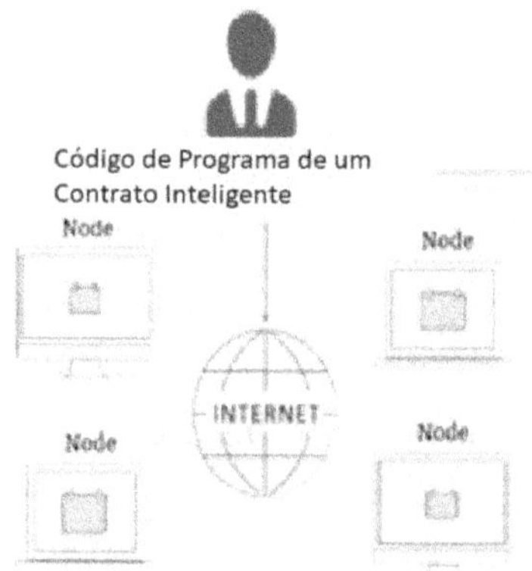

Torna-se parte do blockchain para sempre e seu endereço nunca muda. O contrato fará parte da criação de novos blocos até que se acabe o combustível ou o a corrente esteja completa. Métodos de contrato podem devolver um valor ou armazenar informação. Esta informação faz parte do estado do blockchain.

CONTRATOS INTELIGENTES

Contratos inteligentes podem ser criados no Ethereum e resolver um problema muito importante: como fazer um acordo na Internet quando você não confia na outra parte. Como funciona?

Um contrato inteligente é um protocolo de transação computadorizado que executa os termos de um contrato. Muitas vezes acontece que um dos signatários pode interpretar os termos do contrato do jeito que ele quiser. Por outro lado, contratos inteligentes são protocolos de computador destinados a facilitar, verificar ou impor a negociação ou a execução de um contrato de maneira imparcial.

Assim, contratos inteligentes permitem a regulamentação das relações das pessoas na Internet:

- Fornecendo monitoramento controlado por computador e execução de contratos
- Reduzindo custos de execução
- Contribuindo para a criação de relacionamentos mais confiáveis
- Dispensando a necessidade de terceiros para cumprir os termos do contrato
- Tendo uma formulação matemática e lógica clara de execução
- Exigindo um ambiente que permite automatizar completamente a execução.

Então, pensemos sobre onde você pode aplicar contratos inteligentes. Primeiro, pode usá-los para comprar ou vender ações na bolsa de valores e participar de crowdfundings. Atualmente, muitas empresas precisam pagar mais de US$ 5 milhões para que suas ações sejam negociadas na NYSE ou na NASDAQ. Esses custos são incomensuravelmente menores se você usar o Blockchain e, teoricamente, podem ser reduzidos a zero.

Também é possível realizar uma votação com a ajuda de contratos inteligentes para evitar fraude eleitoral, votos duplos e quaisquer erros na contagem de votos. Além disso, os resultados podem ser vistos imediatamente.

Outra coisa que você pode fazer com contratos inteligentes é um leilão. Tais leilões serão totalmente transparentes e qualquer pessoa poderá participar. Nenhuma propina ou corrupção será possível.

Contratos inteligentes podem até fornecer direitos autorais e proteger produtos contra falsificadores.

Você também pode usar contratos inteligentes para manter vários registros. Por exemplo, o governo da Suécia experimentou o Blockchain para manter registros de todos os terrenos, bem como suas compras e vendas, em 2016.

Contratos inteligentes também podem ser benéficos para programas afiliados, seguros, jogos e loteria, tributação transparente e muito mais. Quase todas as interações habituais com agências governamentais podem tirar proveito dos benefícios de contratos inteligentes usando o Blockchain da Ethereum.

Como você pode ver, os contratos inteligentes oferecem muitas oportunidades, então essa tecnologia tem todas as chances de obter um uso ainda maior no futuro.

No entanto, os contratos inteligentes têm algumas desvantagens, a saber, o problema de escala. O Blockchain do Bitcoin é limitado. No entanto, não há restrições no Ethereum.

E, finalmente, muitas pessoas se preocupam com o PoS Ethereum. Para quem não sabe do que se trata, posso explicar rapidamente que o PoS Ethereum se assemelha à Prova de Trabalho no Bitcoin.

A transição do PoW para o PoS é um marco significativo no desenvolvimento da rede Ethereum. E, do ponto de vista econômico, é desaconselhável permanecer no PoW, pois leva a uma inflação alta no longo prazo.

Vitalik Buterin, criador do Ethereum, anunciou recentemente sua intenção de realizar uma pesquisa sobre a transição do Ethereum para a Prova Parcial de Trabalho. As recompensas de mineração do Ethereum serão reduzidas pela metade, mas novas oportunidades para verificar as transações aparecerão. Um nó que verifica as transações terá grandes quantidades de Ether (criptomoeda). Ou seja, uma pessoa deve ter uma certa quantidade de Éter disponível para poder processar transações. Essa pessoa deve verificar as transações de maneira absolutamente honesta, pois também é detentora de Éter.

Como você já deve entender, o PoS é uma espécie de banco central que detém uma grande quantidade de moeda. Portanto, o Ethereum passará parcialmente da descentralização do Ether para um oligopólio. Haverá grandes "detentores" que acumularam grandes quantidades de Éter e, assim, obtiveram a possibilidade de processar transações. Esta será sua maneira de lucrar.

A transição completa para PoS é esperada para o início de 2018. Como o poder da rede cairá imediatamente e a recompensa pelo bloco cairá, eu prevejo que alguns membros da comunidade de criptomoedas mudarão para outra moeda ou até sairão do mercado. Prevejo que apenas os mineradores Ether mais poderosos permanecerão no Blockchain do Ethereum.

Capítulo 7. As 10 Melhores Criptomoedas e Onde Rastrear Seus Preços

Considere os fatores importantes que influenciam o preço da criptomoeda.

Obviamente, o primeiro fator é o benefício real de usar uma moeda específica. O segundo é a crença no crescimento do ecossistema dessa moeda. O terceiro fator é a crença no crescimento do ecossistema de criptomoedas como um todo, ou seja, a crença de que a maioria das empresas desejará usar o sistema de criptomoeda. Os últimos fatores de precificação são os custos adicionais pelo déficit e lucro futuro, bem como o desconto de risco.

Além disso, acontece com bastante frequência que várias especulações e demandas por uma moeda aumentam seu preço em desproporção ao seu valor intrínseco. O mais importante aqui é descobrir a proporção percentual entre uma bolha e algo realmente eficiente. Não existe um algoritmo exato para calcular essa proporção. Portanto, cada um resolve essa tarefa confiando apenas em sua própria visão.

Vou dar um exemplo. Se você quiser descobrir qual é o valor total do McDonald's, basta inserir essa consulta no mecanismo de pesquisa do Google e qualquer recurso fornecerá as mesmas informações. No entanto, não funcionará com criptomoeda. As bolsas de criptomoedas são locais, e o comércio de criptomoedas se assemelha ao mercado Forex. Em outras palavras, é um mercado de balcão. Não existe um mercado central onde você possa acompanhar o valor de uma determinada moeda. Como regra, os membros da comunidade de criptomoedas visualizam preços em sites diferentes, que variam em termos regionais, e a diferença de preço pode variar entre dez e vinte por cento.

As criptomoedas também são de código aberto, para que todos possam ter certeza de como eles funcionam no site GIT HUB, o recurso mais popular que une todos os programadores de código aberto.

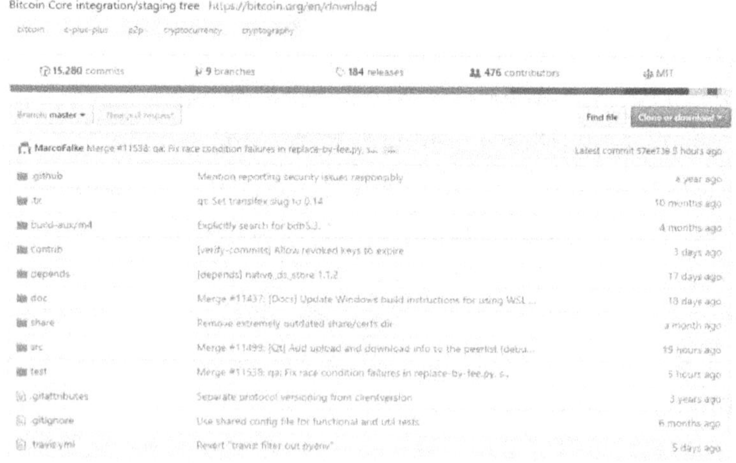

Para escolher uma criptomoeda, recomendo usar o cryptocompare.com. É um agregador que mostra os preços das criptomoedas em diferentes bolsas. Lá você pode ler sobre cada moeda e visualizar seu câmbio atual contra outra moeda, incluindo o dólar americano.

Outro site útil é coinmarketcap.com. É conveniente para ver os dados mais recentes das 10 melhores criptomoedas. Mas lembre-se de que este top 10 está em constante mudança.

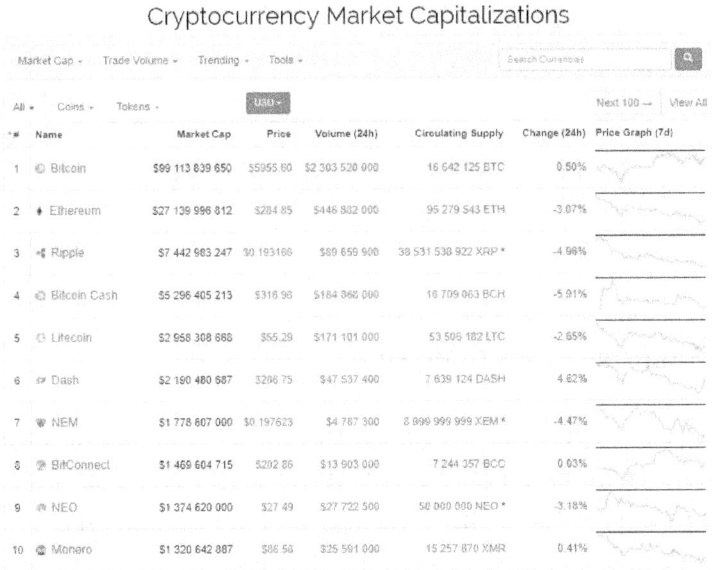

Cryptocurrency Market Capitalizations

Market Cap ▾ Trade Volume ▾ Trending ▾ Tools ▾ Search Currencies

All ▾ Coins ▾ Tokens ▾ USD ▾ Next 100 → View All

#	Name	Market Cap	Price	Volume (24h)	Circulating Supply	Change (24h)	Price Graph (7d)
1	Bitcoin	$99 113 839 650	$5955.60	$2 303 520 000	16 642 125 BTC	0.50%	
2	Ethereum	$27 139 996 812	$284.85	$446 882 000	95 279 543 ETH	-3.07%	
3	Ripple	$7 442 983 247	$0.193166	$89 659 900	38 531 538 922 XRP *	-4.98%	
4	Bitcoin Cash	$5 296 405 213	$316.98	$184 368 000	16 709 063 BCH	-5.91%	
5	Litecoin	$2 958 308 688	$55.29	$171 101 000	53 506 182 LTC	-2.65%	
6	Dash	$2 190 480 687	$286.75	$47 537 400	7 639 124 DASH	4.62%	
7	NEM	$1 778 607 000	$0.197623	$4 787 300	8 999 999 999 XEM *	-4.47%	
8	BitConnect	$1 469 604 715	$202.86	$13 903 000	7 244 357 BCC	0.03%	
9	NEO	$1 374 620 000	$27.49	$27 722 500	50 000 000 NEO *	-3.18%	
10	Monero	$1 320 642 887	$86.56	$25 591 000	15 257 870 XMR	0.41%	

O nome da moeda pode ser visto na primeira coluna (Nome). A segunda coluna (Capitalização de Mercado) mostra a capitalização da moeda. Como é calculada a taxa de capitalização? É muito simples. A quantidade de moeda que circula no mercado agora (Suprimento Circulante) é multiplicada pelo preço (Price).

Se você clicar, por exemplo, em Bitcoin, poderá ver os gráficos desta moeda (Gráficos).

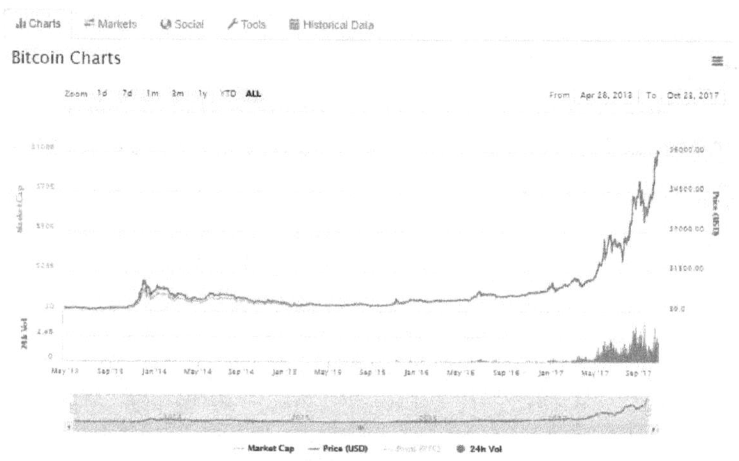

As Melhores Criptomoedas

Se você deseja investir em criptomoeda, recomendo que escolha entre as 10 melhores, ou pelo menos as 20 melhores criptomoedas. O restante não é confiável e pode demonstrar altos e baixos. Essas moedas de menor classificação têm maior volatilidade, apresentando um risco significativo.

A volatilidade é boa para os operadores profissionais, pois eles são capazes de gerenciar riscos e a dispersão de preços oferece maiores oportunidades para ganhar dinheiro. Ao mesmo tempo, a volatilidade é ruim para um iniciante ou um investidor. É por isso que a maioria dos fundos costuma comprar apenas as 10 melhores criptomoedas. Sim, às vezes novas criptomoedas, que apareceram há pouco tempo no mercado e já conseguiram atrair uma quantia enorme de dinheiro, chegam a esta lista. Mas elas não ficam entre as melhores por muito tempo. Um exemplo desse tipo criptomoeda é o IOTA. A capitalização dessa moeda já baixou quase duas vezes desde que entrou no mercado.

Eu também gostaria de dizer algumas palavras especificamente para os fãs de Bitcoin. Agora, há uma enorme quantidade de criptomoedas diferentes no mercado, por isso seria uma estupidez se fixar em apenas uma opção. De fato, o Bitcoin é a criptomoeda mais confiável e está crescendo rapidamente. No entanto, hoje em dia existem muitas outras criptomoedas interessantes além do Bitcoin. Cada uma delas tem suas próprias vantagens.

Name	Market Cap	Price
Bitcoin	$93 285 175 553	$5604.67
Ethereum	$28 939 158 857	$303.66
Ripple	$8 068 465 719	$0.209399
Bitcoin Cash	$5 492 450 395	$328.67
Litecoin	$3 075 801 504	$57.47
Dash	$2 264 857 958	$296.40
NEM	$1 869 012 000	$0.207668
NEO	$1 561 305 000	$31.23
BitConnect	$1 414 885 458	$195.12
Monero	$1 367 152 275	$89.58

Se você não tiver certeza de que tipo de criptomoeda deve comprar, pode solicitar uma auditoria do código.

Afinal, como escrevi anteriormente, todas as criptomoedas são de código aberto: utilizam código aberto e são semelhantes entre si. De fato, qualquer pessoa pode obter o código do Bitcoin, por exemplo, alterar alguns parâmetros e, assim, inventar uma nova criptomoeda. Para ser franco, é assim que o fork (garfo em inglês) aparece.

O garfo é o uso da base de código de um projeto de software como ponto de partida para outro. Cada um desses projetos pode se desenvolver independentemente do projeto principal e pode aproveitar as oportunidades que o projeto principal carece. O processo de criação de tais criptomoedas é chamado de forking (bifuracação).

O Bitcoin serve naturalmente como base no mundo da criptomoeda, então todas as outras moedas são chamadas de bifurcações do Bitcoin.

Quase todas as novas criptomoedas são cópias de criptomoedas já conhecidas. Portanto, verifica-se que é realmente impossível ter uma carteira de investimentos diversificada, ou seja, distribuir riscos mantendo mais de uma moeda.

Finalmente analisaremos algumas das melhores criptomoedas hoje.

Litecoin é a primeira moeda em que quero me concentrar. Na minha opinião, é uma das moedas mais seguras depois do Bitcoin. Foi criado em 2011 e é um fork do Bitcoin, ou seja, o código desta moeda é baseado no código fonte do Bitcoin. O bloco Litecoin é gerado a cada 2,5 minutos. Atualmente, cerca de 84 milhões de Litecoins estão em circulação, o que é quatro vezes mais que o número de Bitcoins. Além disso, o Litecoin já possui o SegWit, que foi ativado na rede Bitcoin apenas em 1 de agosto de 2017.

A Lighting Network também foi ativada recentemente no Litecoin. O Lighting Network é um sistema de micropagamentos fora da cadeia com taxas excepcionalmente baixas. Se você acha que não é importante, então acredite em mim, é realmente de natureza marcante.

Em resumo, o Litecoin é uma moeda moderna e de ritmo acelerado. Eu recomendo que você tenha Bitcoin e Litecoin em seu portfólio de investimentos. Bitcoin como uma moeda muito confiável e Litecoin é usado para conduzir experimentos que podem ser aplicados posteriormente ao Bitcoin.

Zcash é outra moeda bastante interessante para se prestar atenção. É a moeda mais anônima disponível hoje. Ele usa provas de conhecimento nulo, um alicerce para maior privacidade financeira e de dados em criptomoedas. Somente programadores profissionais entendem como isso funciona. No entanto, o protocolo dessa moeda agora é usado em muitas cadeias de blocos.

O valor dessa moeda foi imediatamente superior a US$ 4.000 quando apareceu. Em outras palavras, a recuperação da mineração por um dia foi de 100%. No entanto, o preço dessa moeda caiu acentuadamente depois de um tempo.

Aqui, quero chamar sua atenção para uma questão muito importante. As pessoas costumam comprar criptomoedas por moda. Em outras palavras, eles compram uma moeda específica apenas porque muitas outras pessoas o fazem, sem perceber que isso pode ser feito por razões especulativas, não porque a moeda tenha algum valor real. Como consequência, você pode ficar no vermelho por muito tempo. É por isso que eu recomendo que você não entre nessa moda de um novo tipo de criptomoeda e apenas mantenha suas moedas em sua carteira para poder ganhar muito mais.

Agora vamos prosseguir para a moeda **Clássica do Ethereum**. Vamos descobrir como ele realmente apareceu.

Em junho de 2016, talvez o ataque mais maciço da história da indústria de criptomoedas tenha acontecido. O DAO, projeto muito promissor e conhecido, perdeu mais de US$ 60 milhões devido a um erro no código. Mas vamos voltar um momento primeiro.

O DAO é o maior projeto de crowdfunding de todos os tempos. Foi a primeira organização autônoma descentralizada baseada no Ethereum e uma forma de fundos de capital de risco direcionados a investidores. Ao comprar tokens nesta organização, você ingressava a uma determinada empresa, que você podia controlar remotamente votando. Simplificando; era uma corporação inteira onde as pessoas podiam chegar a um acordo, escolher instrumentos de investimento e obter dividendos da empresa.

No entanto, um dia, uma certa pessoa encontrou uma brecha no algoritmo DAO e roubou tokens no valor de cerca de US$ 60 milhões. Mais tarde, essa pessoa afirmou que não havia feito nada de ilegal por não ter decifrado o código. Ele até avisou que estava pronto para defender sua posição no tribunal.

A ação dessa pessoa provocou um pânico real, porque muitos usuários perderam seu dinheiro. Além disso, a situação com o DAO afetou muito o próprio Ethereum. O preço do Ether caiu imediatamente em 50%. É por isso que o fundador da Ethereum Vitalik Buterin foi forçado a tomar uma decisão centralizada para salvar a situação. Ele decidiu criar um fork.

Existem dois tipos de garfo: garfo macio e garfo duro. Garfo macio é uma alteração no protocolo de software no qual somente transações / blocos válidos anteriormente são invalidados. Como os nós antigos reconhecerão os novos blocos como válidos, um garfo

macio é compatível com versões anteriores. Garfo duro
é uma mudança radical no protocolo que torna válidos
os blocos / transações anteriormente inválidos (ou vice-
versa). O garfo duro é uma divergência permanente da
versão anterior do Blockchain, e a versão mais recente
não aceita mais nós executando versões anteriores.

Vitalik Buterin sugeriu a criação de um garfo macio, ou
seja, reverter todas as transações na rede até o
momento do roubo. Inicialmente, todos os membros do
DAO aceitaram sua proposta, mas algumas pessoas
apareceram dizendo que não estavam prontas para uma
mudança tão centralizada. É por causa dessas pessoas
que o garfo duro ocorreu. O Ether se dividiu em duas
moedas. O primeiro, e básico, é o Ethereum Classic.

A propósito, existem algumas previsões de que, depois
que o Ethereum mudar de Prova de Trabalho para
Prova de Participação, como mencionamos acima (ou
seja, quando parte das moedas sejam extraídas e os nós
garantirem a outra), muitos mineiros ganharão menos
no Éter. É provável que eles mudem para o Ethereum
Classic. Eu acho que essa situação pode causar o
crescimento dessa moeda.

Agora vamos considerar a moeda **Dash**. Essa moeda é
uma ferramenta para negociação intradiária. Ela é
muito técnica em relação aos gráficos. Funciona em um
sistema parcial de Prova de Trabalho e Prova de
Participação.

Ao mesmo tempo, é uma moeda maravilhosa para os gastos diários. Além disso, o Dash oferece uma ferramenta de masternode, que deve ser lançada apenas na plataforma Ethereum.

Essa moeda tem um grande futuro se for a primeira a oferecer a oportunidade de transferir dinheiro facilmente e pagar compras. Por exemplo, um projeto chamado Dash Evolution está sendo desenvolvido agora. É um banco on-line normal, que já é chamado a melhor alternativa ao PayPal. Prevê-se que este documento fique concluído até ao final de 2017. Prevejo que o projeto será elogiado por usuários que não concordam com o anarquismo de criptomoeda ou descentralização rígida, mas apenas querem aproveitar a criptomoeda para fazer transações e manter seu dinheiro.

Outra grande vantagem dessa moeda é o anonimato. As moedas são misturadas a cada nova transferência, dificultando o rastreamento de uma transação em suas carteiras. O Bitcoin possui um serviço separado para misturar moedas, mas isso acontece automaticamente ao usar o Dash.

A próxima moeda a ser discutida é o **Waves**, criado pelo programador russo Alexander Ivanov. A plataforma Waves permite criar seus próprios tokens em apenas alguns cliques e vendê-los imediatamente. Eles são negociados na bolsa descentralizada Waves, e qualquer pessoa que comprar tokens de você pode tentar imediatamente vendê-los nessa bolsa. Leva apenas 5 a 10 minutos criar seus próprios tokens no Waves.

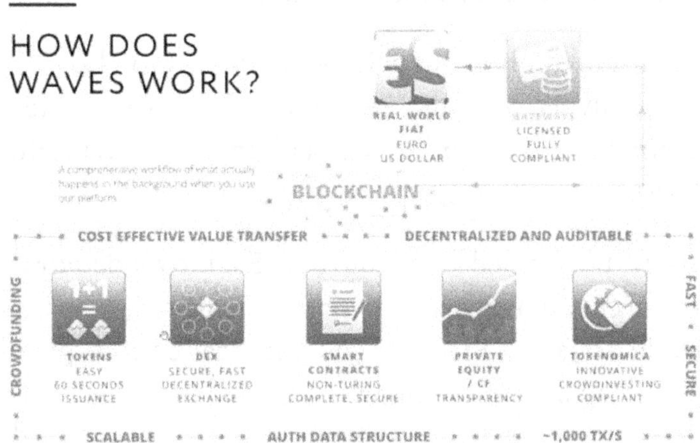

Se compararmos os tokens Waves com os do Ethereum, os primeiros serão mais simples, pois não requerem programação complexa.

Outra moeda interessante é **Dogecoin**. É uma moeda de meme, que foi inventada em tom de brincadeira. Ninguém esperava que circulasse. De qualquer forma, essa moeda não tem valor e praticamente nunca é usada.

O preço do Dogecoin é deliberadamente esculhambado de vez em quando, e as pessoas participam com prazer dessa diversão. A última pessoa que comprar a moeda pelo preço mais alto perde dinheiro.

Agora, algumas palavras sobre o **Namecoin**. É um garfo do Bitcoin que permite que você compre um site .bit, ou seja, uma hospedagem descentralizada.

Permitam-me também mencionar algumas moedas pouco confiáveis. O Ripple é um exemplo desse tipo de criptomoeda (embora muitos já tenham ganhado muito com isso).

A **Ripple** é uma moeda centralizada. É controlada por um consórcio de bancos, o maior dos quais está localizado no Japão. Ele começou a crescer depois que o Bitcoin foi legalizado no Japão.

Uma desvantagem significativa dessa moeda é que você perde uma certa quantia de Ripples quando, por exemplo, transfere dólares ou euros para alguém. E assim surge a pergunta: como isso afeta a taxa de câmbio, dependendo do número de transações?

Ao mesmo tempo, o site oficial deles não oferece carteiras. Se você deseja criar uma carteira, precisará procurá-la no gatehub.net.

Agora vamos resumir. No momento em que escrevo este livro, existem um total de 804 criptomoedas. Mas eu não aconselho você a estudar todas elas, apenas as dez primeiras. Você pode investir em além das dez primeiras apenas quando começar a lucrar.

Deixe-me lhe dar um conselho: antes de escolher uma moeda para investimento, recomendo refletir sobre a composição do seu portfólio de investimentos (estou falando sobre investimento passivo em portfólio). Se você deseja ter as três melhores criptomoedas, considere o que pode afetar o preço dessas moedas no curto prazo. Você também precisa analisar cuidadosamente os mercados nos quais essa moeda é negociada e observar os gráficos diários para estimar o volume de negócios da sua moeda nas últimas 24 horas.

Por fim, quero lembrá-lo mais uma vez que o mercado de criptomoedas não oferece garantias. Se você leu informações sobre moedas mais ou menos confiáveis, isso não significa que essas informações sejam verdadeiras. Esta é apenas a minha opinião subjetiva. Portanto, cabe a você decidir se compra ou não moedas específicas.

Capítulo 8. As Bolsas de Criptomoeda Mais Populares

Agora que entendemos os recursos de diferentes moedas, podemos aprender sobre as bolsas de criptomoeda mais populares.

Você precisa usar a bolsa se quiser comprar ou vender criptomoeda por dólares, euros ou outra moeda convencional, além de trocar uma criptomoeda por outra.

Bitcoin Markets

#	Source	Pair	Volume (24h)	Price	Volume (%)
1	Bitfinex	BTC/USD	$360 619 000	$5518.00	12.89%
2	Bithumb	BTC/KRW	$228 079 000	$5669.49	8.15%
3	bitFlyer	BTC/JPY	$203 595 000	$5519.39	7.28%
4	GDAX	BTC/USD	$95 087 700	$5533.12	3.40%
5	Bitstamp	BTC/USD	$92 862 500	$5533.00	3.32%
6	HitBTC	BCC/BTC	$69 409 800	$5575.04	2.48%
7	Coinone	BTC/KRW	$67 727 600	$5667.28	2.42%
8	Poloniex	ETH/BTC	$62 888 200	$5584.46	2.25%
9	Bittrex	BTC/USDT	$56 688 400	$5501.30	2.03%
10	Gemini	BTC/USD	$55 123 400	$5539.76	1.97%
11	LakeBTC	BTC/USD	$49 154 700	$5524.21	1.76%
12	Kraken	BTC/EUR	$48 533 900	$5546.58	1.74%
13	Bitfinex	ETH/BTC	$44 199 100	$5565.15	1.58%
14	Korbit	BTC/KRW	$41 943 600	$5668.60	1.50%
15	Bittrex	ETH/BTC	$38 412 900	$5566.59	1.37%

Peço que você trabalhe apenas com as bolsas mais conhecidas. Você pode estar mais seguro da confiabilidade delas, o que significa que você manterá seu dinheiro seguro.

<u>Poloniex</u> é a primeira bolsa em que vale a pena prestar atenção.

A Poloniex é uma das maiores bolsas americanas de negociação de Bitcoin. De acordo com o serviço agregador <u>coinmarketcap.com</u>, ocupa o segundo lugar em volume de negócios entre todas as bolsas de criptomoedas do mundo que negociam Bitcoin. Apesar disso, o Poloniex está entre as bolsas que costumam funcionar mal (pelo que vi). Algumas pessoas suspeitam que em breve irá à falência.

Vamos seguir algumas dicas práticas sobre negociação em bolsas de valores.

É impossível depositar dinheiro convencional na bolsa Poloniex, ou seja, dólares, euros e assim por diante. Você pode comprar tokens para trocar no <u>tether.to</u>. Esses tokens praticamente não estão sujeitos a alterações. Essa estabilidade me faz pensar que as pessoas preferem manter seus ativos de criptomoeda precisamente nesses tokens em caso de problemas. Seria um tipo de porto seguro.

De qualquer forma, a maneira mais fácil de entrar nessa bolsa é depositar criptomoeda. Depois de se registrar na bolsa, você terá uma funcionalidade muito limitada disponível, que consiste na quantidade de dinheiro que você pode depositar e retirar da bolsa.

A propósito, você precisará ser verificado. A verificação é necessária para limitar a possibilidade de traficantes de drogas, traficantes de armas ou lavadores de dinheiro usarem a bolsa. Portanto, as pessoas que desejam negociar grande volume são convidadas a ser verificadas. As opções são:

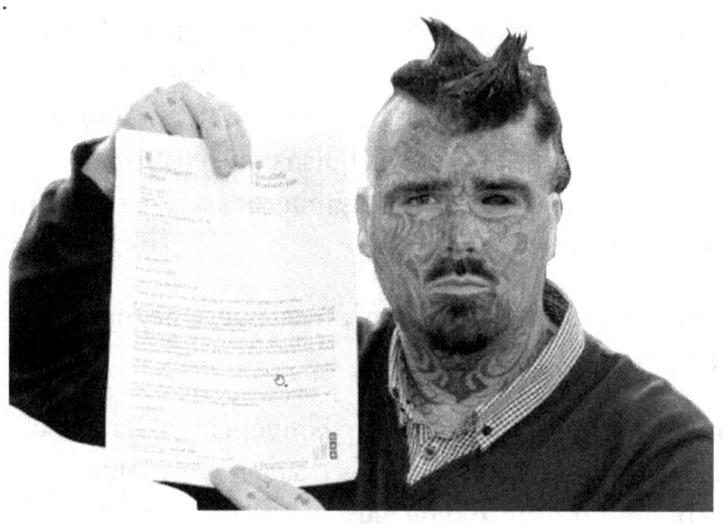

A verificação ocorre em várias etapas, dependendo do grau de anonimato desejado. Por exemplo, quatro níveis de verificação permitirão sacar cerca de US$ 400.000 por mês. Mas há um revés. Pode levar algumas semanas para que sua inscrição seja analisada, considerando o grande volume de usuários na bolsa. Levará mais algumas semanas para ser verificado e depositar dinheiro. Além disso, não há garantia de que sua inscrição seja aprovada.

Essa bolsa é um pouco autoritária para o meu gosto. Se seus proprietários veem problemas com a criptomoeda em suas bolsas, eles simplesmente proíbem a retirada. As pessoas que possuem essa moeda precisam se virar para vender e retirá-la em outra criptomoeda.

Aqui estão algumas outras bolsas mais populares até o momento.

Kraken é uma grande bolsa de criptomoedas europeia com um enorme volume de transações. Considero o Kraken a plataforma mais rápida e fácil de usar.

O **Bitfinex** é uma bolsa popular de criptomoedas de Hong Kong. Ele oferece mais algumas ferramentas do que outras bolsas e possui um design mais sofisticado.

O Bittrex difere dos outros, pois é a chamada bolsa de altcoin. Praticamente todas as novas moedas ou tokens estão disponíveis lá. Você pode até trocar moedas de baixo capital. Seus preços geralmente são "inflados", o que significa que eles disparam e depois despencam. É bom se você é corretor. Considero essa bolsa uma das mais seguras.

Como se Registrar em uma Bolsa de Criptomoedas

Existem muitas bolsas de criptomoedas disponíveis para que todos tenham a chance de encontrar a que melhor se adapte às suas necessidades. Com isso em mente, quero esclarecer alguns problemas relacionados ao registro nas bolsas de criptomoedas.

Ao se registrar em uma bolsa, eu definitivamente recomendo ativar a autenticação de dois fatores (identificação). Mesmo se você já estiver registrado, recomendo que o faça.

Aconselho você a criar uma conta em pelo menos duas bolsas; se algo acontecer com uma, você poderá fechar os pedidos na outra. Certifique-se de usar o Bittrex se decidir negociar altcoins. Selecione outro você mesmo.

Sua senha deve conter pelo menos dez caracteres: letras maiúsculas, minúsculas e números. Não conte com a possibilidade de lembrá-la, mesmo que sua senha seja a combinação mais simples de letras do mundo. Portanto, não se esqueça de anotá-lo no papel e ocultá-lo em algum lugar seguro. Você pode até fazer uma tatuagem de senha, mas deve anotá-la em algum lugar, seja no seu corpo ou no papel! A segunda regra é não usar essa senha em nenhum outro lugar, exceto na bolsa. Você precisa de um e-mail diferente para cada conta na bolsa. Se uma das suas contas de e-mail for invadida e os infratores tentarem entrar na sua conta na bolsa, sua outra conta permanecerá segura.

Não se esqueça de verificar seu e-mail ao depositar ou sacar dinheiro na bolsa. Essas transações devem ser confirmadas por e-mail.

Por último, mas não menos importante: se você quer se arriscar a negociar na bolsa de criptomoedas, precisa se preparar para o fato de que um hacker (ou mesmo um proprietário de bolsa) possa roubar seu dinheiro a qualquer momento. Qualquer bolsa também pode quebrar. Portanto, é muito perigoso guardar dinheiro na bolsa. Aconselho que você mantenha apenas o dinheiro com que negocia na bolsa e guarde o restante em carteiras frias.

Capítulo 9. Bolsas de Valores Digitais

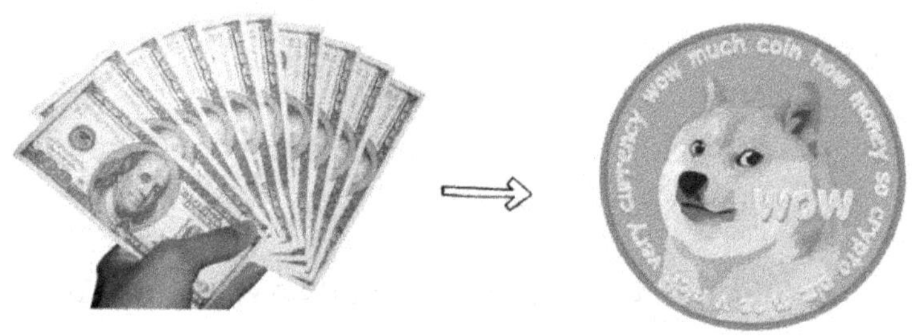

Se você trocar moeda digital e for importante para você fazê-lo com as taxas mais baixas, será necessário recorrer a serviços de uma bolsa de valores digital.

Há também a possibilidade de uma troca ao vivo pessoalmente, mas essa opção não é segura. Houve muitos casos em que uma pessoa se encontrou com outra pessoa para trocar Bitcoin, mas depois foi espancada e roubada. Esse risco pode ser minimizado usando apenas os bolsas digitais mais populares (as com as melhores reputações). Você pode encontrar mais informações na internet sobre as bolsas digitais mais confiáveis.

Se você ainda quiser arriscar e tentar a sorte trocando moeda digital pessoalmente, saiba que mesmo o dinheiro roubado pode ser rastreado. A pessoa que troca dinheiro com você geralmente tem sua carteira instalada em um telefone celular. Quando ele ou ela

transfere uma quantidade específica de Bitcoin para sua
carteira, você pode imediatamente acessar o site
Blockchain.info e verificar se a transação foi realmente
executada.

Você já sabe que todas as transações na rede Blockchain
estão abertas para que você possa rastreá-las. Para
fazer isso, digite o número da sua transação no telefone
e aguarde o processamento. Depois de processado, você
pode ter 99% de certeza de que o dinheiro está na sua
carteira.

Onde você pode encontrar bolsas de valores digitais seguras e confiáveis?

Antes de tudo, recomendo que você se familiarize com o
site LocalBitcoins. Lá você encontrará pessoas dispostas
a se encontrar com você e a fazer a troca com dinheiro
ou por transferência bancária.

LocalBitcoins Buy bitcoins Sell bitcoins Post a trade Forums Help Sign up free Log in

Buy bitcoins online in United States

Seller	Payment method	Price / BTC	Limits	
Stevezzzzz (100+; 100%)	Cash deposit: 53rd Bank	5,667.66 USD	4,000 - 5,554 USD	Buy
douglasstormborn (500+; 98%)	Cash deposit: Bank of America!	5,673.22 USD	500 - 1,293 USD	Buy
Elvismvas1029 (10 900+; 100%)	Cash deposit: ☎CITIBANK☎CITIBANK✓WF✓TD☎	5,680.00 USD	500 - 3,000 USD	Buy
btc_friendly (3000+; 100%)	Cash deposit: CITIBANK - 5min release (up to 30k USD)	5,699.96 USD	500 - 1,710 USD	Buy
CritoExchange (100+, 100%)	Cash deposit: ◀ ▌▌▐ ▌▌ ▐ CITI BANK - TD - BOA ▌▌ ▐▌ ▐▐ ▐ ▐ ▶	5,700.00 USD	500 - 4,149 USD	Buy
shakana (30+; 98%)	Cash deposit: BANK OF AMERICAN, FAST RELEASE	5,725.95 USD	100 - 900 USD	Buy

Show more ... ▾

Buy bitcoins with cash near Manassas, United States

Seller	Distance	Location	Price/BTC	Limits	
thebear2014 (19; 100%)	7.1 miles	Manassas, VA, USA	5,506.38 USD	2,000 - 9,500 USD	Buy

Uma bolsa digital confiável deve ter um site, uma seção de classificações e avaliações, bate-papo de suporte e as quantidades de moeda disponíveis para conversão. Por exemplo, você pode ver que esta bolsa oferece uma quantidade específica de Bitcoin, Ether e dinheiro em dólares.

Outra boa característica das bolsas de moeda digital é a possibilidade de reservar o preço de uma moeda por um determinado período.

Quanto às taxas de câmbio, elas variam bastante de 3% a 30%. As taxas médias em um mercado calmo são de 7%. Quando o mercado cai ou se anima, a bolsas digitais também aumentam as taxas.

Capítulo 10. Como Ganhar Criptomoeda

Antes de estar pronto para entrar no mundo das criptomoedas, há mais uma coisa que você precisa saber: como ganhar criptomoeda.

Existem várias maneiras de obter renda no mercado de criptomoedas. Primeiro, você deve se familiarizar cuidadosamente com elas e escolher a que melhor combina com você, dependendo do seu estilo de vida, capacidade financeira, preferências, etc. Você pode até escolher várias moedas e combiná-las habilmente. Nesse caso, você terá uma oportunidade melhor de diversificar riscos e ganhar mais.

Atualmente, existem as seguintes maneiras de obter lucro no mercado de criptomoedas:

- Investimento a longo prazo
- Trading
- Mineração
- Participação em ICO.
- Revenda de criptomoeda.

Aqui está uma breve visão geral de cada um desses métodos. Então, darei a você uma visão mais aprofundada de cada estratégia.

Investimento a longo prazo

Se você escolher esta maneira de ganhar dinheiro lucro, deverá ter:

- Um período de 1 a 2 anos (invista uma quantia em dinheiro que você pode "congelar" facilmente por vários anos)
- Uma quantidade substancial de dinheiro (se você pode investir apenas em partes, isso também pode ser visto como um investimento a longo prazo)
- Estar preparado para riscos (maiores do que no setor bancário).

Você ganha dinheiro com ganhos de capital significativos a longo prazo.

Trading

Se você escolher esta maneira de ganhar dinheiro lucro, deverá ter:

- Tempo (não o tempo de espera, como acontece com o investimento a longo prazo, mas o tempo livre que você possa dedicar diariamente à negociação)
- Uma pequena quantidade de dinheiro
- Perseverança e diligência
- Inteligência mecânica (como você precisa trabalhar com números e gráficos)

- Possibilidade de ficar atento e monitorar os desenvolvimentos.

Você ganha dinheiro vencendo o mercado e assumindo riscos (quanto maior o ganho potencial, maior o risco), a fim de potencialmente ganhar dinheiro rapidamente e obter renda recorrente.

Mineração

Mineração é o processo de produzir nova criptomoeda ou bitcoins. Se você estiver interessado nesse tipo de lucro com criptomoeda, decida se deseja como um hobby ou se quer mergulhar na mineração profissional.

Para *mineração amadora*, você precisa ter:

- Inteligência mecânica (ou um amigo / conselheiro com inteligência mecânica)
- Capital inicial (geralmente até seis fazendas de mineração)
- Preparação para problemas técnicos e interrupções
- Proteção do equipamento contra fatores externos (animais de estimação, crianças, etc).

Você ganha dinheiro com um lucro pequeno mas constante na mineração. Você também desfruta da oportunidade de não apenas negociar no mercado, mas também gerenciá-lo.

Caso decida fazer uma *mineração profissional*, você precisará dos seguintes itens essenciais:

- Inteligência mecânica (ou um amigo / conselheiro com inteligência mecânica)
- Capital inicial ou investimentos
- Instalações (com eletricidade, ventilação, instalações de refrigeração, segurança)
- Uma equipe
- Preparo para assumir responsabilidade (por equipamentos, instalações, equipe).

Ao administrar sua própria fazenda de mineração, você pode obter um lucro estável e constante. Você também gerenciará o mercado, não apenas negociará. Além disso, terá a chance de possuir algo real e vender seus negócios no futuro.

ICOs (Oferta Inicial de Moedas)

Até o momento, muitas pessoas participam das chamadas ICOs (Oferta Inicial de Moedas). Grosso modo, essa é outra interpretação de um modelo de financiamento coletivo, semelhante a um IPO (ofertas públicas inicial). Os participantes financiam o desenvolvimento de um projeto em troca de benefícios futuros, mas sem garantias. ICO é a emissão de cupons ou tokens por um determinado projeto a ser usado para pagar serviços do site com criptomoeda no futuro.

A ICO tem muito em comum com um fundo de risco, ou seja, um fundo de investimento focado em trabalhar com empresas e projetos inovadores (startups). Um fundo de risco investe em valores mobiliários ou ações de empresas com risco alto ou relativamente alto e espera lucros extremamente altos. Como regra, 70% a 80% desses projetos não trazem retornos. No entanto, o lucro dos 20% a 30% restantes compensa todas as perdas.

Se você acha que é corajoso o suficiente para patrocinar um projeto sem garantias, primeiro pergunte a si mesmo:

- Estou pronto para riscos extras?
- Tenho uma reserva de capital para diversificação?

Você ganha dinheiro com a ICO assumindo grandes riscos com a chance de obter super lucros.

REVENDA DE CRIPTOMOEDA.

A revenda de criptomoedas tem muita semelhança com a trading. Aqui você também ganha dinheiro com flutuações cambiais, mas, diferentemente da trading, trata-se do jogo entre o preço de atacado e o varejo, em vez do preço de mercado ou de troca.

Se você está interessado nessa maneira de obter lucro, você:

- não corre riscos
- opera apenas em pequenas somas
- entende que a renda depende do seu volume de negócios.

Até o momento, temos um conhecimento superficial das formas básicas de obter renda no mercado de criptomoedas. Agora vamos nos aprofundar em cada método.

FAZER INVESTIMENTOS DE LONGO PRAZO: UM OLHAR MAIS APROFUNDADO

Você deve se lembrar do primeiro princípio de Warren Buffett: nunca perca dinheiro. É especialmente verdade no investimento a longo prazo, pois a coisa mais importante aqui é manter o dinheiro, não perdê-lo.

Vamos descrever os princípios mais importantes para fazer um investimento a longo prazo:

- Não perca dinheiro; reduza riscos
- Não faça barulho
- Colha benefícios no futuro

É assim que o seu **portfólio** de criptomoedas deve parecer para fazer investimentos a longo prazo.

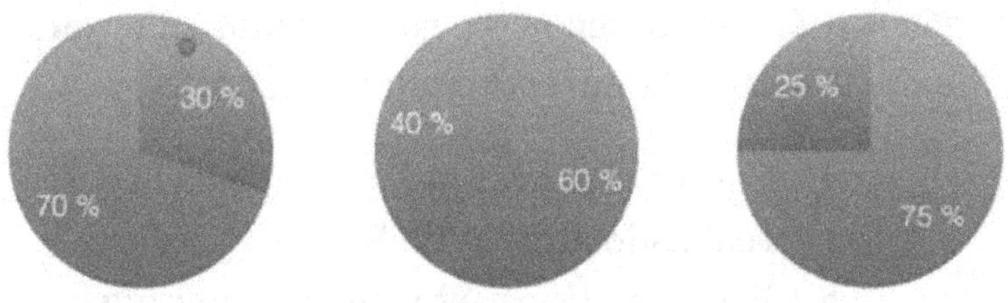

A cor azul é usada para indicar posições mais moderadas e estáveis, que podem ser menos lucrativas. A cor verde mostra posições mais arriscadas e mais promissoras. As moedas azuis são as moedas atualmente mais estáveis.

Por que marcamos essa moeda como azul? Fazemo-lo porque existe uma forte possibilidade de esta moeda crescer em valor. O Bitcoin assume uma posição de liderança aqui, pois ainda é considerada a moeda mais confiável. Além disso, seu preço só aumentará. Por que estou tão confiante? Aqui está a minha resposta:

- Todo o turnover de criptomoedas agora é realizado através do Bitcoin
- Esta moeda é aceita em qualquer lugar
- Rápido desenvolvimento do projeto e do sistema como um todo.

O dólar também é marcado em azul porque você sempre deve ter dinheiro "rápido" em seu portfólio, com o qual pode operar rapidamente e trocar por criptomoeda.

Agora vamos ver as moedas verdes no portfólio.

Ripple (XRP)	Counterparty (XCP)
Golem (GNT)	Dogecoin (DOGE)
BitShares (BTS)	Riecoin (RIC)
Waves (WAVES)	GameCredits (GAME)
Stratis (STRAT)	Aragon (ANT)
Storjcoin X (SJCX)	NEO (NEO)

Se a moeda anterior pode ser vista como quase inabalavelmente estável, a situação com moedas verdes está mudando constantemente. A moeda da lista verde parece arriscada no momento da redação deste livro. No entanto, lembre-se de que tudo pode mudar no dia em que você ler isso.

A julgar pelas minhas observações, a formação de um portfólio depende da idade da pessoa. Isso é estranho? Não mesmo! Quanto mais jovem você for, mais arriscado será o seu portfólio de investimentos. Não nos importamos de estar no gelo fino quando jovens, mas quanto mais velhos envelhecemos, menos podemos correr riscos.

O que mais influência seu portfólio de investimentos além da idade? O tamanho da seu capital. Se você tem muito capital para investir, é fácil arriscar calmamente uma pequena quantia em dinheiro. Mas quanto mais dinheiro você tiver, mais estável deverá ser sua estratégia.

O último fator que influencia a formação do seu portfólio é o tamanho da sua reserva financeira. Se for pequena, é melhor reduzir os riscos.

Ao mesmo tempo, por mais banal que possa parecer, quero lhe lembrar de mais um ditado básico sobre investimentos: compre na baixa, venda na alta! Quando o preço da moeda cai, geralmente é o melhor momento para comprá-lo. Mas neste exato momento, começamos a nos sentir gananciosos, pensando que o preço de uma moeda pode cair ainda mais.

Esse problema é resolvido aplicando uma estratégia de **"média móvel"**. Pode ser simples ou exponencial.

Vejamos este exemplo de média móvel simples.

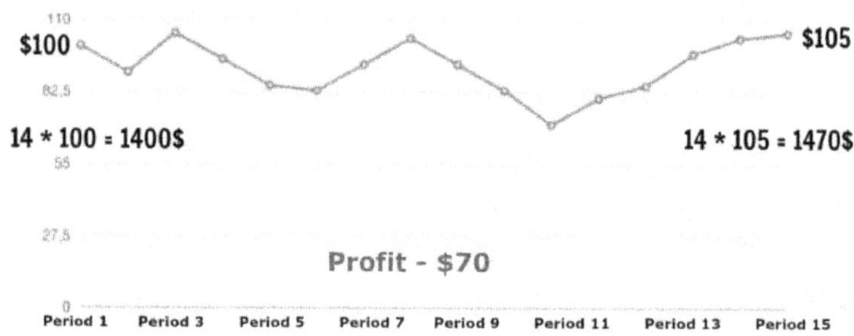

Por exemplo, você está muito interessado em uma moeda que custa US$ 100. Em uma bela manhã, enquanto toma seu café, você decide comprar 14 dessas moedas. Então você gasta US$ 1.400. Em algumas semanas, o preço da moeda chega a US$ 105. Você vende essas 14 moedas por 105 dólares, recebendo 1.470 dólares. Você ganhou US$ 70 em lucro.

Mas e se você decidir comprar essas 14 moedas, não de uma só vez, mas uma moeda por semana?

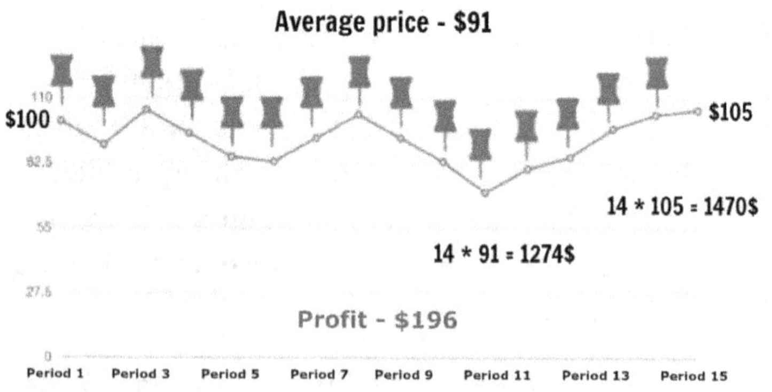

Parece que o gráfico não mudou. No entanto, em um caso, o preço médio da moeda é de US$ 100 e, em outro caso, o preço é de US$ 91. Assim, no segundo caso, você gasta US$ 1.274 em 14 moedas e vende cada uma delas pelo mesmo preço que no gráfico anterior. Seu lucro é de $ 196. Aconteceu alguma coisa? Acabamos de escolher uma abordagem diferente para a situação.

Ao aplicar uma estratégia simples de média móvel, você não precisa procurar constantemente o momento perfeito para entrar no mercado ou ter medo de que a taxa caia ainda mais. Você só compra uma certa quantia de moeda todo mês. Você continua comprando se o mercado cai ou sobe. De fato, essa estratégia é muito comum, mas verdadeiramente eficiente para investimentos a longo prazo.

Em geral, a estratégia simples de média móvel permite:

- reduzir o preço médio da compra;
- comprar mais ações pelo mesmo dinheiro;
- reduzir perdas nas quedas e se recuperar emergir mais rapidamente de perdas na alta.

Agora, sugiro considerar a estratégia de média móvel exponencial.

Exponential Moving Average

A estratégia de média móvel exponencial permite o aumento de seus lucros. Aqui tudo funciona da seguinte maneira: quando o preço permanecer alto ou subir, faça a compra habitual; quando a taxa cai, você compra um pouco mais.

Vale ressaltar que você também pode usar esse método para investimentos de curto prazo. Aqui você espera que o preço de uma moeda suba no futuro próximo e depois vende-a. Ao usar esta estratégia, recomendo prestar atenção às altcoins, especialmente aquelas em fase de formação.

É muito importante **ter lucro** na estratégia de curto prazo. Para isso, recomendo usar a estratégia **50/50**. Suponha que você compre uma moeda por US$ 1,50. Mais tarde, seu preço chega a US$ 3, e você vende 50% de uma moeda e fica quite. Tudo simples.

Deixe-me dar algumas dicas.

Se você é um fã de estabilidade sobre o risco, dê preferência a moedas que inicialmente custam mais. E se você sonha com lucros potencialmente explosivos, preste atenção às moedas baratas. **O maior lucro é obtido em centavos.** Afinal, ninguém argumentará que US\$ 1 crescerá dez vezes mais rápido que US\$ 100.

Por fim, lembre-se de que o mercado de criptomoedas está mudando constantemente. Portanto, você precisa monitorar seus investimentos a cada hora para manter-se atualizado e tomar decisões sábias.

Trading: Um olhar mais aprofundado

Depois de ler a palavra "trading", você pode supor que nem todos podem dominar essa profissão. Você está certo até certo ponto. No entanto, você terá sucesso se souber alguma coisa sobre comércio, se interessar por notícias e eventos no setor econômico e acompanhar a taxa de câmbio. Pode até aprender a fazer algumas previsões financeiras.

De fato, a negociação na bolsa de criptomoedas não difere muito da negociação na bolsa de valores. É importante saber como analisar gráficos, tomar decisões bem pensadas, não se preocupar com medo, rumores ou emoções e, o mais importante, estar pronto para perder tudo.

Negociar no mercado de ações tem tudo a ver com troca de pares de moedas. Cada parte da transação determina seus termos e o segundo, respectivamente, decide se os aceita ou não.

Na troca de criptomoedas, você trabalha apenas com pedidos de compra ou venda. Ao fazer um pedido, você define o preço mais baixo ou mais alto que o preço disponível. Você indica quantas moedas deseja comprar e cita seu preço. Se o mercado atingir sua cotação, o pedido será preenchido.

Deixe-me explicar quando você pode fazer um pedido na troca de criptomoedas. Digamos que você leia as notícias de que os preços do Bitcoin cairão e depois subirão novamente. É a hora de você investir. Quero mencionar, porém, que não existe uma fórmula exata que explique em quais moedas você deve investir e quando. O mais importante é não investir na fase de queda prolongada de uma moeda. Por outro lado, é bom investir em moedas no início do crescimento após um rebaixamento e, é claro, em moedas de crescimento estável.

Como já mencionei, consulte coinmarketcap.com para escolher moedas para negociação. Além disso, fique de olho nas notícias sobre o lançamento de novas moedas e acompanhe as tabelas de preços das principais moedas. Outro ponto importante é que você precisa saber o momento certo para comprar ou vender para ter lucro. Se você cometer um erro, terá todas as chances de passar de um investidor de curto prazo para um investidor estratégico de longo prazo.

Não se esqueça das taxas de câmbio. Quero lembrá-lo novamente: invista apenas a quantia que está preparado para perder. Em nenhum caso, você deve pedir dinheiro emprestado para negociar no mercado. Você sofrerá perdas inevitáveis neste mercado.

Um aspecto criticamente importante no mercado de moedas é a segurança. A questão da segurança é crucial em qualquer campo que lide com dinheiro. Ainda mais no mercado de criptomoedas, onde o valor do seu portfólio de investimentos pode atingir várias dezenas de milhares de dólares, seria irresponsável não pensar na segurança com antecedência. Você deve pesquisar todas as formas possíveis de proteger suas finanças.

Qual é a maneira mais conveniente de roubar sua criptomoeda? A resposta é: roubá-lo da bolsa de valores. Deixe-me compartilhar um exemplo. No verão de 2017, a maior bolsa de criptomoedas da Coréia do Sul, a Bithumb, registrou bilhões de perdas como resultado de um ataque hackers. É por isso que acredito que manter o dinheiro na bolsa é arriscado.

As vantagens das carteiras quentes, que são mantidas em bolsa, são acessibilidade e operação rápida. Você pode acessá-los facilmente à medida que estão conectados à Internet. No entanto, as carteiras quentes têm a enorme desvantagem da vulnerabilidade devido à sua conexão com a Internet.

Não vou elaborar mais sobre o tópico de trading aqui, pois dedico um capítulo a esse tema como uma das maneiras mais comuns de obter lucro no mercado de criptomoedas.

Mineração. Um olhar mais aprofundado

A palavra *mineração* entrou em uso precisamente como analogia da mineração de ouro. Mineração é o processo de produzir nova criptomoeda ou Bitcoins. Proprietários ou operadores de dispositivos de mineração são chamados de mineradores. Frequentemente, o termo *minerador* é usado para indicar o dispositivo de computação necessário para detectar o Bitcoin (ou outra criptomoeda) na rede.

A mineração ocorre com a descoberta da assinatura digital de um bloco. Um bloco na rede Bitcoin é uma matriz de dados que contém as informações sobre transações que atingem a rede após a criação do bloco anterior. Um participante da rede, que descobriu a assinatura digital, é recompensado com criptomoeda. Ao mesmo tempo, para obter uma "barra de ouro" na forma de uma transação de geração preciosa, um minerador precisa peneirar toneladas de "rocha morta", ou seja, resíduos impróprios para o bloco.

Assim, cada novo bloco contém uma assinatura digital que é formada com base no bloco anterior. Os blocos se aderem uns aos outros e formam uma cadeia de blocos chamada **Blockchain**.

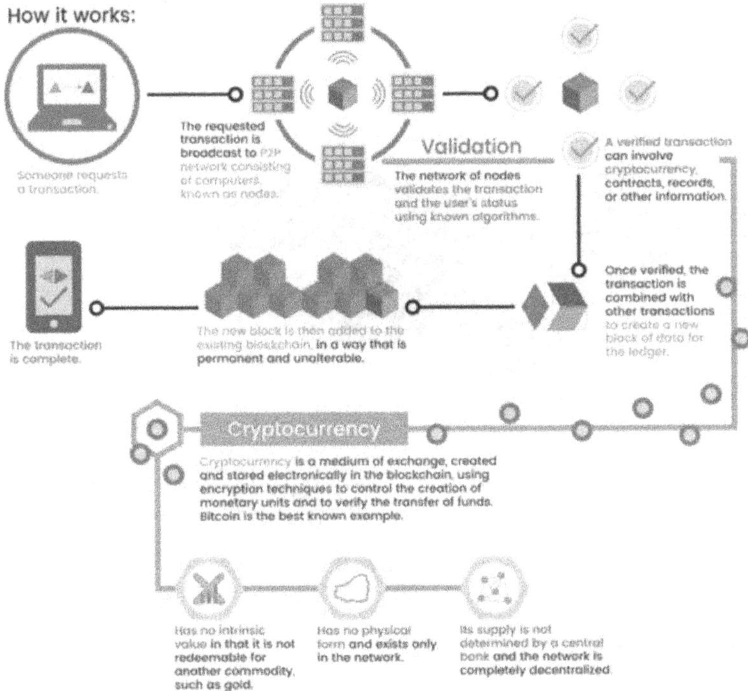

A maioria das pessoas pensa que mineração é dinheiro derivado de uma tomada elétrica. Mas, na verdade, é um trabalho duro, que é recompensado com dinheiro pelo próprio sistema. Apesar do código do cliente e do código do protocolo de criptomoeda estarem totalmente abertos, a criação de novas moedas é um processo complexo e caro. Por exemplo, você não pode gerar mais bitcoins do que o planejado pelo criador da tecnologia. Para obter novas moedas, você precisa de investimentos substanciais em equipamentos, instalações, sistemas de refrigeração, eletricidade, etc. É por isso que o Bitcoin é chamado de "ouro digital" e é representado na forma de moedas de ouro.

Vamos agora responder à seguinte pergunta: Por que a criptomoeda precisa de mineradores? Há um equívoco de que os mineradores geraram inicialmente a criptomoeda. Na verdade, os mineradores executam as funções essenciais da rede:

- ✓ Confirmação de transações
- ✓ Proteção da rede contra entrada de informações falsas (transações e bloqueios falsos)
- ✓ Proteção da rede contra vários tipos de ataques
- ✓ Manutenção da descentralização da rede.

É por isso que quanto mais dispositivos de mineração na rede, melhor a rede Bitcoin está protegida contra ataques. Ao mesmo tempo, o desligamento de parte de suas capacidades de computação não interromperá as transações na rede. A rede continuará operando se pelo menos um minerador funcionar.

Existem vários tipos de mineração. Uma fazenda em casa é uma delas. Pode ser assim.

Até o momento, chips *ASIC* ou *GPU* (unidade de processamento gráfico) especializados são usados para mineração. O ASIC foi projetado especificamente para mineração. É um "robô sem alma", que é utilizado para extrair moedas criptográficas. Quanto à mineração de GPU, uma fazenda comum geralmente consiste em várias placas de vídeo de um modelo, uma fonte de alimentação forte, uma placa mãe com vários slots PCI-Express e um processador com um sistema de refrigeração. Existem certos algoritmos nos quais as

moedas funcionam. Você deve selecionar placas de
vídeo, dependendo desses algoritmos.

O que você deve escolher para mineração: ASIC ou GPU?

O ASIC é fácil de reparar e prático de instalar. No
entanto, ele foi projetado apenas para determinadas
moedas e você não poderá alterná-las. Se você escolher
o ASIC, terá que minerar com sucesso o suficiente para
pagar suas contas de eletricidade, pois precisará de
muitos equipamentos eletrônicos.

Quanto à GPU, diferentemente do ASIC, você poderá
vender sua placa de vídeo com facilidade e com lucro se
desistir da mineração em algum momento.

Na minha opinião, você precisa ter o ASIC e o GPU para
mineração. Se um dos dispositivos falhar, você poderá
usar o segundo.

Existe outra opção para quem não quer começar a
montar uma "máquina de dinheiro". Você pode explorar
remotamente usando o poder de processamento
compartilhado. Esse tipo de mineração é chamado de

mineração em nuvem. No entanto, você deve tomar cuidado com os perigos da mineração em nuvem. Primeiro, o período de retorno é bastante enganador. Segundo, você não pode controlar despesas e lucros. Além disso, todo o equipamento não está em sua propriedade pessoal.

Se você ainda decidir confiar a mineração a outras pessoas, preste atenção ao seguinte: você não deve receber uma enorme previsão de lucro e deve ter a possibilidade de entrar em contato com o suporte técnico. Também aconselho que você leia as revisões e monitore os fóruns de mineração em relação a essas empresas, além de investir pequenas quantias em dinheiro para fins de teste antes de investir mais.

Na mineração, como na trading, você deve obedecer a certas regras de segurança. A primeira regra do chamado "clube de mineração" não é dizer a ninguém onde suas fazendas estão localizadas. É uma dica trivial? Você pode achar que sim. Mas lembre-se de que você deve ser a única pessoa a ter acesso às instalações com seu equipamento de mineração.

Outros princípios de segurança são os seguintes:

- Instale o sistema para monitorar indicadores (temperatura, etc.), bem como vide vigilância e um sistema de combate a incêndio no local

- Verifique a eletricidade, energia e aterramento
- Monitore o aquecimento e a umidade do dispositivo no local
- Não economize em consumíveis, pois isso pode levar a um resultado triste.

Em geral, a mineração não se adequa a todos, porque você precisa negociar com os fornecedores de equipamentos, coletar e configurar você mesmo, além de manter e garantir sua segurança.

De fato, o tópico mineração é bastante profundo, e posso falar muito mais sobre isso. Por exemplo, eu poderia falar sobre as características de fontes de alimentação, placas mãe e sistemas de refrigeração; como escolher seu sistema operacional; que tipo de cartões vale a pena comprar; como trabalhar com fornecedores e até compartilhar os segredos do retorno.

ICO

Uma ICO (Oferta Inicial de Moeda) é a colocação inicial de tokens na blockchain. É um modelo específico de financiamento coletivo. Os participantes financiam o desenvolvimento de um projeto em troca de benefícios futuros, mas sem garantias. O ICO é frequentemente comparado ao IPO. Mas, diferentemente do IPO, os participantes da ICO geralmente não recebem uma participação na empresa e não podem influenciar as decisões internas da administração.

Acredita-se que a primeira ICO tenha sido realizada pela Mastercoin em junho de 2013. O fórum Bitcointalk anunciou o lançamento do crowdfunding para o projeto. Como resultado, a ICO Mastercoin coletou mais de 5.000 bitcoins.

No entanto, a ICO Ethereum, realizada em 2014, foi talvez uma das ICOs mais poderosas. Os tokens foram vendidos por US$ 0,30. Em dois anos, seu valor na bolsa aumentou de US$ 12 a US$ 13, e em junho de 2017 eles já custam US$ 390.

Atualmente, existem muitas ICOs. Os novos projetos, que garantem suas perspectivas e buscam investidores, surgem quase todos os dias. Quanto mais projetos forem criados, menos serão bem-sucedidos. Muitas ICOs são originalmente criadas apenas para enganar as pessoas. O número desses projetos só aumentará à medida que as pessoas se interessarem cada vez mais em ganhar dinheiro com as ICOs.

Atualmente, os desenvolvedores dessas startups encontraram uma maneira de obter o apoio de pessoas que não têm dinheiro para investir em ICOs. O **programa de recompensas** foi inventado apenas para eles. É uma oportunidade de obter sua parte dos tokens do projeto sem investir seus próprios fundos. Para isso, você só precisa popularizar o projeto.

Para obter uma recompensa, você pode:

- Promover o projeto (por meio de redes sociais, bancos de dados de e-mail, campanhas no fórum Bitcointalk) para que potenciais investidores saibam sobre ele
- Traduzir informações sobre ICO para outros idiomas
- Procurar erros no projeto
- Criar logotipos, folhetos e outras informações (às vezes de forma competitiva)
- Criar aplicativos móveis, carteiras ou outros complementos de software.

Se você tem as habilidades necessárias para fazer pelo menos algo da lista acima, tem todas as chances de ganhar uma recompensa!

Como você provavelmente já entendeu, existem muitos golpistas nas ICOs. Vamos falar sobre golpe com ICO. Basta pesquisar no Google "scam + history" e você verá uma grande lista de vários serviços que, de uma maneira ou de outra, decidiram jogar com a confiança ou o descuido de outras pessoas. Os campos são os mais diversos: de energia ao setor bancário. Embora a ICO exista apenas desde 2013, esse campo também sofreu muitos golpes.

Como você pode saber se uma ICO é uma farsa? Aqui está no que você focar:

- O projeto da ICO cria apenas moeda digital, posicionada como um meio universal para pagamentos internacionais sem indicar suas vantagens específicas
- O projeto da ICO é descrito como extremamente grande escala, embora não apresente um modelo específico de distribuição de lucros
- Os desenvolvedores do projeto da ICO estão fazendo todos os esforços para promovê-lo e não dizem quase nada sobre o código, que pode até estar fechado (não de código aberto).

Os golpistas geralmente desenvolvem uma plataforma sem demonstrar nenhum resultado do trabalho. Às vezes, o desenvolvedor principal é notório nos círculos profissionais ou já esteve envolvido em negócios criminosos.

Vale ressaltar que existem vários exemplos de ICO bem-sucedidas. O sucesso de uma ICO depende de condições. O indicador convencional de sucesso é a quantidade de recursos captados. Nesse sentido, o líder (no momento da redação deste livro) é o projeto Bancor, que levantou 396.720 ETH em menos de três horas em junho de 2017. Um exemplo de outro rápido crowdsale foi a inovadora campanha do navegador Brave, que levantou

US$ 36 milhões nos primeiros minutos do projeto. Além disso, os projetos Storj (US$ 30 milhões em menos de uma semana) e Aragon (que coletaram os 275.000 ETH necessários, cerca de US$ 25 milhões, em apenas 15 minutos desde o início da OIC) se juntaram às fileiras do sucesso de crowdsales de criptomoedas em maio de 2017.

Existem também os seguintes projetos: MobileGo (US$ 53 milhões), Gnosis (US$ 12,5 milhões em 10 minutos), Blockchain Capital (US$ 10 milhões em 2 horas), Aeternity (US$ 2 milhões nas primeiras horas) e, finalmente, o projeto Status (cerca de US$ 100 milhões) que derrubou a rede Ethereum. E não podemos esquecer o lendário projeto DAO, que entrou em colapso e deu origem ao Ethereum Classic no verão de 2016.

O sucesso de uma OIM depende em grande parte não apenas da ideia, mas também de uma campanha inteligente de relações públicas.

Você pode me perguntar: Como os fundos dos investidores são protegidos em tais projetos? A minha resposta será muito simples: Os fundos não estão protegidos. Em geral, as únicas garantias de segurança são a reputação do projeto, ou seja, a reputação das pessoas que você não conhece.

Por que as pessoas ainda investem nesses projetos considerando todos esses fatores? Aqui estão alguns motivos pelos quais as pessoas correm o risco de participar das OIMs:

- Desejo de ganhar dinheiro com uma tendência
- Desejo de assumir o papel de investidor
- Desejo de acompanhar outros investidores
- Crença em uma startup.

É por isso que é muito importante escolher cuidadosamente uma OIM para investir, pois não há leis que governem a conduta das OIMs e protejam você de golpistas. Não é incomum nas OIMs, como no crowdfunding, um projeto nunca chegar ao estágio de implementação do produto.

Se você ainda está interessado em uma determinada OIM e está pronto para investir nela, preste atenção aos seguintes postos-chaves:

- Whitepaper e roteiro do projeto
- Essência do produto (viabilidade, demanda, existe um problema real que o projeto resolva?)
- Conexão do projeto com o Blockchain (se é necessário ou forçado)
- Equipe do projeto (experiência, sua história)
- Principais pessoas por trás do projeto (experiência, sua história)

- Substancia da finalidade do projeto (para que dinheiro é necessário).

Você também deve encontrar respostas para as seguintes perguntas:

- o que impulsionará a demanda por esses tokens / criptomoedas?
- o que provocará uma grande rotatividade de moedas e o que pode ser adquirido por elas?
- você poderá trocá-los por mercadorias ou vendê-los?

Ao mesmo tempo, ao analisar uma OIM como investidor, você deve entender se o projeto pode resolver independentemente o problema ou a tarefa para a qual foi projetado.

Além disso, lembre-se das seguintes dicas:

- Escolha um projeto em que você entenda pelo menos algo
- Invista racionalmente, não sofra com isso e não gaste todo o seu dinheiro em um projeto
- Sempre seja cuidadoso. Mesmo se você tiver sorte com uma OIM, não terá garantia contra perdas para sempre.

Você pode usar o icorating.com para obter informações sobre as empresas que administram OIMs. A Icorating é uma agência independente, onde você pode encontrar as listas de diferentes OIMs, fechadas e futuras. Existe até uma lista de OIMs consideradas golpes flagrantes. Os especialistas do icorating.com analisam os seguintes recursos da ICM:

- ✓ Modelo de negócios (sua relevância, méritos e falhas)
- ✓ Nicho de mercado (perspectivas e dinâmica de desenvolvimento do nicho escolhido para fazer negócios)
- ✓ Equipe (experiência de negócios no segmento de mercado tradicional, indústria de Blockchain, experiência em desenvolvimento de Blockchain)
- ✓ Concorrência (nível de pressão competitiva em relação às empresas com modelos de negócios semelhantes do segmento de mercado tradicional e da economia Blockchain)
- ✓ Formação técnica (disponibilidade e qualidade de um protótipo ou código fonte)
- ✓ Análise de feedback da comunidade

Depois de revisar a avaliação preliminar das OIMs por essa agência, será mais fácil analisar o projeto que você está considerando para tomar uma decisão final sobre investir ou não nele.

Outro recurso para OIMs é o icotracker.net. Aqui você encontrará uma lista das próximas OIMs. Eu também recomendo icobazaar.com, icocountdown.com e cyber.fund/radar.

O mercado da OIM agora se assemelha ao boom das pontocom (1995-2001). Hoje, as pessoas se lembram do momento em que empresas como Apple, Amazon ou Google organizaram OPIs (Ofertas Públicas Iniciais) e se perguntaram os tipos de fortuna que poderiam ter feito se tivessem investido nessas empresas na época.

O mercado da OIM oferece mais uma chance de você fazer parte dessas novas histórias de sucesso cibernético. Algumas OIMs têm o potencial de crescer dramaticamente ao longo do tempo e recuperar os investimentos iniciais múltiplas vezes. Ainda assim, segundo alguns especialistas, a maioria dos projetos em 2017 pode se acabar sendo fraude. Faz sentido, pois agora é mais fácil investir graças à economia virtual. As pessoas investem seu dinheiro praticamente invisível em qualquer empresa com uma apresentação mais ou menos decente. Essa abordagem impensada joga os investidores nas mãos de golpistas.

Capítulo 11. OIMs

Aqui, abordaremos as noções básicas de OIMs (Ofertas Iniciais de Moedas): comparação com OPIs; como identificar uma boa OIM versus uma farsa; e como participar de uma.

OIMs vs. OPIs

Todos os investidores em ações estão familiarizados com a abreviação OPI, que significa a oferta pública inicial de ações. Os compradores de ações tornam-se coproprietários da empresa, e a própria empresa obtém dinheiro com as vendas, geralmente excedendo seus retornos anuais. Recentemente, uma abreviação semelhante surgiu na comunidade de criptomoedas: OIMs (Oferta Inicial de Moedas)

Um OPI é uma operação legítima (legalmente falando). Uma empresa com uma estrutura de negócios existente e madura lança um OPI para atrair financiamento. Levantar fundos através da venda de ações é a maneira mais barata de fazer isso. Ao mesmo tempo, iniciar um OPI é um processo muito caro. Para uma empresa entrar na bolsa, ela deve atender a muitos requisitos, incluindo o volume de capitalização e ser submetida a uma auditoria. Além disso, a empresa deve atrair assinantes que venderão as ações da empresa. Depois, divulgam a notícia, atraindo dinheiro e investidores, e a empresa começará a negociar suas ações na bolsa de valores. É um processo longo e caro.

Além disso, um déficit é criado deliberadamente no âmbito de uma oferta pública inicial, e apenas um número limitado de ações da empresa entra no mercado.

Os criadores das campanhas da OIM também declaram que o número de moedas é limitado e, por isso, muitas pessoas pressionam o botão de pânico, pensando que, se não comprarem essas moedas agora, terão que comprá-la mais tarde, a um preço mais alto. .

Tanto os OPIs quanto as OIMs são formas arriscadas de ganhar dinheiro, mas também podem ser muito lucrativas. As pessoas participam de OIMs na esperança de ganhar dinheiro rapidamente. E assim que recuperam seu dinheiro, elas imediatamente as retiram. É por isso que as moedas aumentam bastante e depois diminuem de preço quando as pessoas começam a vendê-las. Essa é uma das estratégias usadas pelos especuladores.

Em contraste com as OIMs, essas especulações são bastante raras no OPI por causa do chamado "período de bloqueio". As pessoas que compram ações antes da OPI não podem vendê-las até três meses depois. Com as OIMs, você pode comprar moedas mesmo durante a fase pré OIM.

Vamos resumir por que tantas pessoas correm o risco de investir em OIMs. Alguns investem dinheiro nesses projetos simplesmente para apoiá-los, enquanto outras pessoas compram e vendem rapidamente, e o terceiro grupo de pessoas faz o investimento porque lê sobre o projeto em algum lugar ou, pior ainda, deseja copiar o sucesso de seus amigos.

COMO DISTINGUIR ENTRE OIMS PROMISSORAS E ESQUEMAS DE PIRÂMIDE

Todas as empresas que lançam OIMs são startups que nem possuem o chamado Produto Mínimo Viável (PMV). Têm apenas uma ideia. A maioria dessas startups está mostrando cada vez mais sinais de esquemas de pirâmide, a saber: você tem certeza de que, se investir dinheiro no primeiro estágio, seus investimentos já serão duplicados no segundo estágio e crescerão quatro vezes no terceiro estágio. Em outras palavras, é oferecido aos investidores uma espécie de jogo, para que eles tenham a impressão de que podem ficar ricos rapidamente.

Vamos estudar como uma OIM é conduzida.

Primeiro, as empresas realizam o chamado pré-OIM, o evento de venda de tokens antes que a campanha oficial de crowdsale ou OIM seja lançada. Esse evento geralmente é realizado para arrecadar fundos para marketing, principalmente para pagar por uma campanha de relações públicas durante a OIM. Em outras palavras, soa assim: "Arrecadamos dinheiro para publicidade para organizar uma promoção ainda maior posteriormente e coletar dinheiro novamente".

Além disso, algumas OIMs vão parar e declarar que é necessário um número (maior) de fundos para a implementação real do projeto, de modo que a maior soma possível é coletada do mercado. É assim que às vezes as pessoas criam uma empresa com uma capitalização de bilhões de dólares.

A moeda IOTA é um exemplo brilhante. É uma moeda muito escalável que pode suportar muitas transações. Até o momento, o IOTA está avaliado em quase US$ 2 bilhões. Mas há um problema. A empresa não promete nada e não possui nada (exceto o site, é claro). Ou seja, em geral, as pessoas valorizam o design do site da empresa em quase US$ 2 bilhões! Não é um bom investimento, é?

Usando o exemplo do gráfico de moedas IOTA, você pode ver como são todas as OIMs mais recentes até o momento.

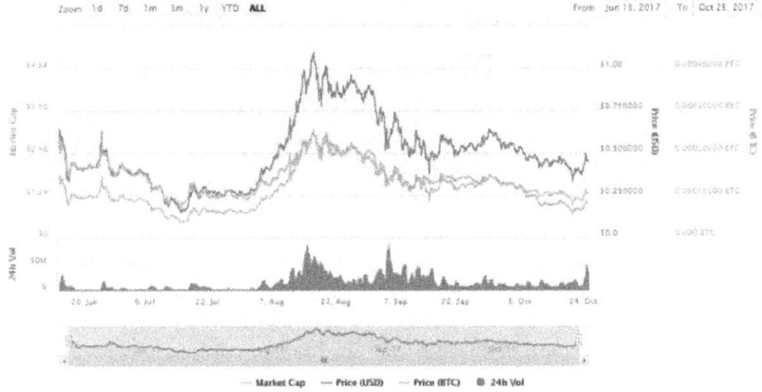

Admito que algumas OIMs aumentam bastante o valor real, e aqueles que conseguiram participar delas podem realmente obter um bom lucro. No entanto, todas essas OIMs ainda têm o mesmo destino e podem ser comparadas a um elevador: quando está cheio, não pode subir. Portanto, há uma quantidade enorme de dinheiro especulativo nessas OIMs; todo aumento de preço faz essas pessoas venderem tudo, fecharem suas posições e, assim, exercerem pressão sobre as ações.

Ao dizer tudo isso, não pretendo fazer você acreditar que todos os projetos de OIM são enganosos. Na verdade, eu só quero mostrar a você que a maioria dessas startups é superestimada, e apenas 2% a 3% delas sobrevivem.

Para lucrar com as OIM, você deve, antes de tudo, entender por que está investindo nela. Portanto, o motivo da sua entrada na transação deve ser igual ao motivo da saída. Se você participa de uma OIM simplesmente porque acredita em um produto futuro, provavelmente não é a decisão mais inteligente. Primeiro, deixe a empresa entrar no mercado e começar a negociar. Se você ainda acredita no produto, pode sempre comprá-lo, mesmo com desconto, algum tempo depois.

Como identificar boas OIMs

As características de uma boa OIM são as seguintes:

1. Os principais executivos e desenvolvedores são figuras públicas ativas em suas contas de mídia social por um longo período;
2. Uma compreensão clara das tarefas e objetivos do projeto;
3. Os concorrentes estão lucrando no mercado;
4. Apoio dos líderes de opinião na comunidade;
5. Faz discursos em eventos de criptomoeda;
6. Boas avaliações por especialistas e agências de classificação;
7. Distribuição de dinheiro após o período de OIM;
8. Código fonte aberto no GitHub;
9. Informações relacionadas estão disponíveis no Bitcointalk, Reddit, Slack, Twitter, Telegram e YouTube.

Quando você já escolheu uma OIM e decidiu investir nela, agora deve monitorar constantemente as informações que esta startup libera. A melhor maneira de fazer isso é participar do bate-papo e seguir o projeto no Twitter. Navegue pelo arquivo do Twitter. Não esqueça que você lhes deu seu dinheiro, portanto, não tenha medo do trabalho e do tempo gasto com ele.

Você pode acompanhar as OIMs em sites como smithandcrown.com, icoalert.com e icotracker.net.

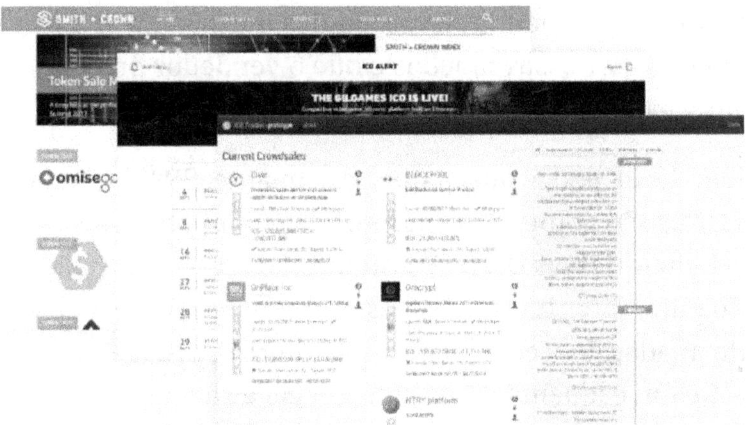

Agora, darei algumas dicas sobre como ser esperto quando se trata de investir em OIMs.

Recomendo que você compre OIMs pré-falência e guarde-as caso de uma delas cresça. Para ser franco, tenho uma lista separada de todas as OIMs em queda e acompanho cada uma delas todos os dias. Estou pronto para comprá-los por algum valor de liquidação. Por exemplo, 10% do preço de colocação. Nesse caso, terei o prazer de fazer uma compra, por exemplo, em US$ 1.000 e, portanto, meu risco será o mesmo US$ 1.000.

A próxima dica: muitas pessoas pensam que, se o preço começar a cair, é um sinal de falência e você precisa fugir. E vice-versa: se o preço aumentar, você precisará comprar. Na verdade, tudo funciona ao contrário. **A queda do mercado é a melhor oportunidade para identificar moedas e tokens fortes e fracos.** Acompanhe se o volume da moeda aumenta quando cai. Se aumentar, isso é bom. Se o preço da moeda cair e o volume não aumentar, isso significa que não há demanda por essas moedas e que o vendedor precisa constantemente abaixar o preço.

Além disso, não esqueça que, atualmente, 99% de todas as OIMs são golpes. No entanto, você também pode participar dessas OIMs. É isso mesmo. Você pode fazer isso para obter lucro com pessoas gananciosas e mal informadas. De certa forma, isso também prova que a OIM é um esquema de pirâmide legal e sua tarefa é inserir-se e sair o mais rápido possível.

COMO PARTICIPAR DE UMA OIM

Suponha que você encontrou uma boa OIM. Para participar, você precisa visitar o site. Vá para a guia Tokens e clique em Get EOS.

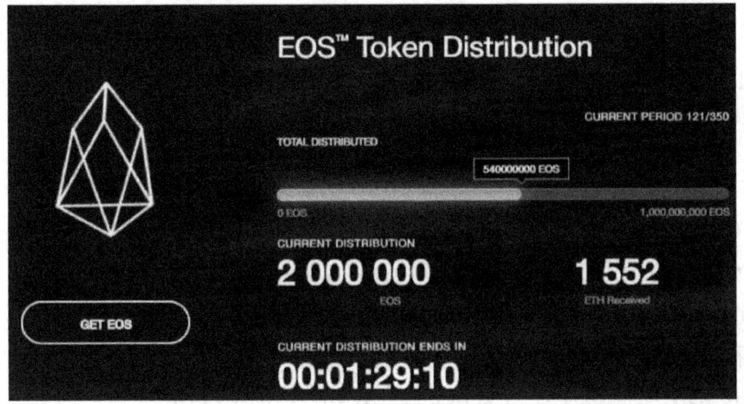

Depois, marque a caixa que indica que você concorda com os termos do projeto. Leia nas entrelinhas: você concorda em possivelmente perder seu capital. Depois de clicar em Continuar, você será direcionado para a página que explica como o projeto irá arrecadar fundos.

Eu recomendo que você revise cuidadosamente todos os números, especialmente aqueles sobre capitalização. Se a capitalização da OIM for de cerca de US$ 500 milhões, tudo bem. No entanto, se você multiplicar o valor de um token pelo número de todos os tokens conhecidos antecipadamente e obter uma capitalização de US$ 5 bilhões, faça uma pausa para refletir. Você também pode comparar a capitalização da OIM da qual você está interessado com uma OIM anterior. Ao comparar, preste atenção não no valor de um token, mas na capitalização de toda a empresa.

Estude cuidadosamente a seção Cronograma para descobrir quanto tempo a OIM durará.

Os tokens OIM que você comprou aparecem muito rapidamente na bolsa hitbtc.com. Lá você também pode encontrar tokens oferecidos por OIMs:

De qualquer forma, se você não conseguir descobrir como participar da OIM, os sites de qualquer OIM sempre publicam instruções detalhadas (às vezes até um vídeo). Lá você também encontrará informações sobre como transferir dinheiro para participar da OIM. Mas lembre-se de que esse dinheiro pode ser transferido apenas da sua carteira, não da bolsa.

É assim que as OIMs funcionam e é como recomendo que você invista nelas. Lembre-se sempre: não fique em uma OIM por muito tempo. Saia assim que puder obter um pequeno lucro.

Capítulo 12. Trading:

Aqui, abordaremos o básico das operações na bolsa, bem como diferentes tipos de negociação e como analisar os padrões de gráficos.

Negociando na Bolsa

Para abrir e fechar posições na bolsa, são usadas ordens de troca. Dependendo do tipo de execução, existem ordens de mercado e ordens pendentes. Os pedidos pendentes, por sua vez, podem ser pedidos com limite, ordens de parada ou ordens de limite de parada. Cada tipo de pedido pode ser usado para comprar ou vender algum tipo de ativo.

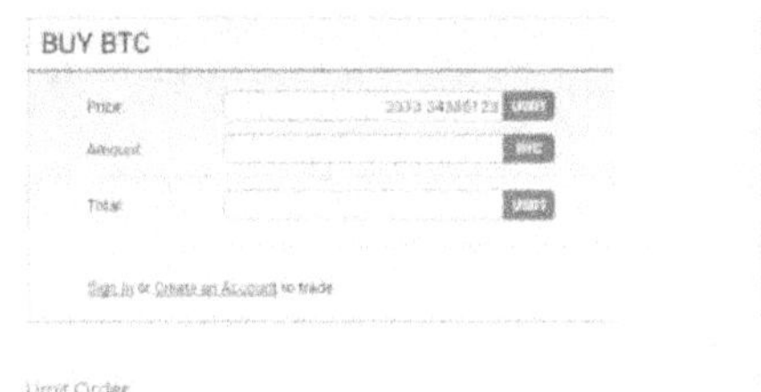

Limit Order

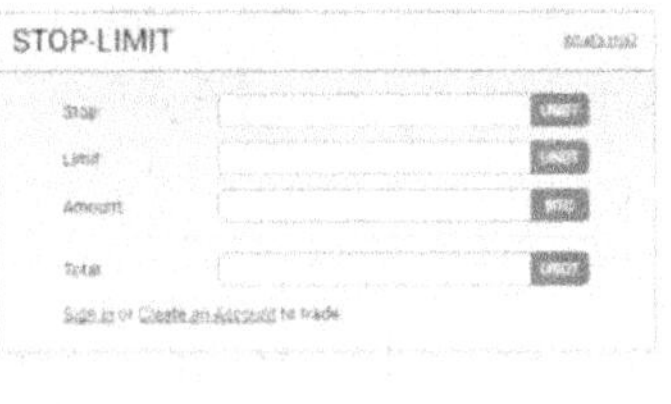

Stop Limit Order

Recomendo usar apenas pedidos limitados, mas discutiremos esse ponto em detalhes um pouco mais tarde.

Vamos considerar um exemplo de pedido na bolsa Kraken. Um pedido pode parecer diferente em diferentes bolsas de valores, mas sua essência permanece a mesma.

A maneira mais fácil de comprar ou vender algo na bolsa de valores é fazer uma ordem de mercado. Essa ordem é executada ao preço atual de mercado imediatamente após colocá-la na bolsa, se houver uma ordem limite reversa para ela. Por exemplo, para executar uma ordem de compra no mercado, é necessária uma ordem de limite de venda. Para executar uma ordem de venda no mercado, é necessária uma ordem de limite de compra.

Para executar uma ordem de mercado, a melhor é escolhida entre todas as ordens de limite disponíveis. Portanto, a ordem de compra no mercado é executada no preço de venda, enquanto a ordem de venda no mercado é atendida no preço de compra.

Ao lidar com esse tipo de pedido, você não precisa especificar o preço, apenas o volume, ou seja, quanto deseja comprar. No entanto, há um grande problema que você pode enfrentar - derrapagem. O que é isso? É a diferença entre o preço esperado de uma negociação e o preço pelo qual a negociação é realmente executada. A derrapagem pode ocorrer durante períodos de maior volatilidade quando as ordens de mercado são usadas e também quando existem ordens grandes, pode não haver juros suficientes no nível de preço desejado para manter o preço esperado da negociação. É por esse motivo que eu não recomendo o uso de ordens de mercado.

Antes de prosseguir para outros tipos de pedidos, vejamos a terminologia mencionada acima: lance, cotação e spread. Um lance é o preço que um comprador da criptomoeda está disposto a pagar. Cotação é o preço que um vendedor está disposto a aceitar. Spread é a diferença entre esses dois preços.

Nas relações de mercado, os compradores definem o preço pelo qual desejam obter um ativo, enquanto os vendedores definem o preço pelo qual desejam vender um ativo. Simplificando, é uma barganha: um comprador estabelece um preço mais baixo e um vendedor insiste em um preço mais alto. É a situação observada na troca de criptomoedas.

Portanto, os pedidos dos compradores com os preços especificados ficam em um tipo de fila. Para ser o primeiro nesta fila, você deve oferecer o melhor preço. Ao mesmo tempo, os vendedores com o preço de venda também entram na fila. O primeiro desta fila também é aquele que oferece o melhor preço. Cada preço tem uma indicação do volume que um comprador deseja comprar ou um vendedor deseja vender. Os traders chamam essas filas de ordens pendentes tanto no lance quanto na cotação do *mercado*.

Aqui está um exemplo. Digamos que você faça um pedido no mercado para comprar moedas por US$ 5.000, mas o valor das moedas disponíveis é de apenas US$ 1.000.

O preço que você paga pelas moedas no momento em que seu pedido é executado estará entre esses preços. Devo também mencionar que a bolsa também é engenhosa e está sempre feliz em ganhar alguma coisa. Se você fizer uma ordem de mercado, tenha 99% de certeza de que nunca obterá o primeiro preço de venda. Como resultado, você enviou seu pedido e, por exemplo, recebe um preço de 244,78.

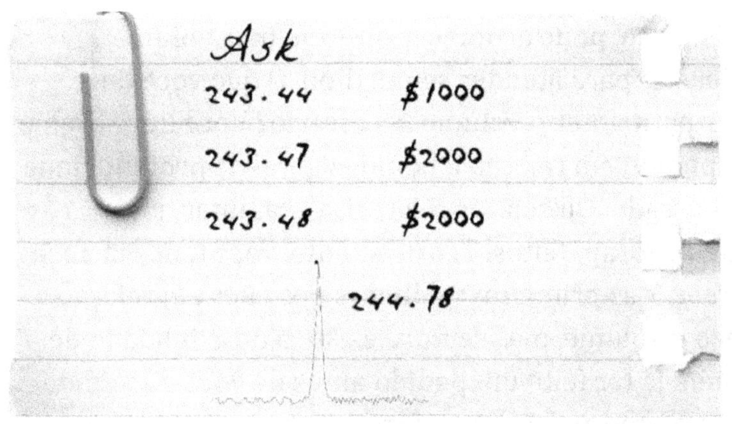

A propósito, nessa situação, você pode usar a maneira mais fácil de obter lucro na bolsa sem correr risco - deixe o spread, ou seja, a diferença entre os preços de compra e venda, mais ampla.

Eu recomendo usar uma ordem limite para evitar situações semelhantes. Uma ordem limite é uma ordem para comprar ou vender um determinado volume de um ativo a um preço específico. Aqui consideramos dois parâmetros: preço e volume. Por exemplo, você faz um pedido para comprar moedas por US$ 5.000 a um preço de US$ 243,47. A primeira opção: você pode fazer um pedido de limite de compra, por exemplo, na fila de lances. Então você entra na fila de compradores e espera até que seus pedidos sejam atendidos. Outra opção: você pode procurar os vendedores e fazer um acordo pelo preço deles, mas que não seja menor que o seu.

No entanto, pode acontecer que não haja volume suficiente para atender seu pedido. O que você deve fazer para obter o volume necessário? Você deve avaliar seu pedido em relação à liquidez geral da profundidade do mercado. Ou seja, você precisa examinar quais pedidos foram feitos. Teoricamente, você tem a chance de reunir as primeiras melhores posições em relação a preço e volume, mas sempre existe a possibilidade de alguém já ter feito um pedido antes de você e aceitado esse volume, porque as informações são exibidas às vezes com atraso. Se você ainda deseja realizar seu pedido (sem usar uma ordem de mercado para evitar grandes derrapagens), basta colocar uma ordem limite a um preço em que sua ordem será definitivamente executada, não a um preço que você deseja que seja executado. Isso significa que é muito provável que você realize seu pedido a um preço oferecido por um vendedor. Se esses pedidos estão no mercado e você conseguiu atendê-los, aumenta suas chances de realizar seu pedido oferecendo um preço um pouco maior.

Agora vamos tocar no tópico de ordens de parada. Uma ordem de parada é uma ordem de compra ou venda de uma ação quando seu preço ultrapassa um ponto específico.

Digamos que você defina seu preço de saída em US$ 200. Assim, quando o preço atinge US$ 200, sua ordem de parada se transforma em uma ordem de mercado regular. No entanto, não aconselho você a usar esse tipo de ordem.

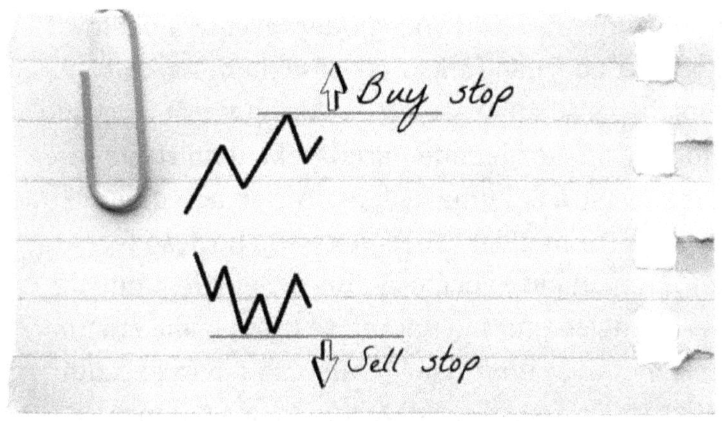

Há também uma ordem de limite que combina os recursos de uma ordem de parada com os de uma ordem de limite. Uma ordem de limite de parada requer a definição de dois pontos de preço. O primeiro ponto inicia a ação especificada, conhecida como parada, enquanto o segundo representa o exterior do preço-alvo do investidor, chamado limite.

Na minha opinião, uma ordem com limite de parada é ainda pior do que uma ordem de parada. Não garante a execução da ordem, mesmo que um preço atinja um determinado preço de parada (porque o limitador pode não funcionar). Por esse motivo, não recomendo o uso de ordens com limite de parada para fechar a posição com o objetivo de limitar perdas (perda com parada). Além disso, nem todos os corretores aceitam esse tipo de ordem comercial.

Em outras palavras, aparentemente as ordens de parada devem protegê-lo contra perdas, porque se algo de

repente começar a cair, você poderá fechar a posição.
Mas na verdade, não funciona dessa maneira, e as
ordens de parada não são úteis. Você pode pensar que
quando faz uma ordem de parada, ela definitivamente
se transformará em uma ordem de mercado quando o
preço atingir um nível específico e sua posição fechar.
No entanto, quando você usa uma ordem de limite de
parada, é lógico que sua parada se transforme em um
limite. Se houver um preço no mercado para executar
seu pedido limite, ele será executado. No entanto, se o
mercado não oferecer esse preço, você simplesmente
ficará na fila e esperará. Portanto, acredito que não faz
sentido usar uma ordem de limite de parada.

Existem ordens como GTC e Fill or Kill. Uma ordem GTC
(Válida até o Cancelamento) permanece ativa até que
seja rescindida pelo investidor ou a negociação seja
executada. A esse respeito, essa ordem é muito
conveniente. A ordem de Atender ou Cancelar é uma
variação da ordem limite. Se, nas situações anteriores,
você fizer um pedido limite, pode receber apenas parte
do volume desejado, mas, com um pedido Fill or Kill,
seu pedido deve ser totalmente atendido ou cancelado.

NEGOCIAÇÃO COM MARGEM

A essência da negociação com margem é muito simples:
você troca dinheiro emprestado. Quando você compra
com margem, paga uma parte do preço das ações

(chamada de margem) e pega emprestado o restante de outros jogadores que oferecem dinheiro. O saldo da sua conta de margem é usado apenas para servir como dinheiro emprestado e para cobrir os custos do empréstimo, se necessário. Em outras palavras, a negociação com margem permite negociar a quantidade de dinheiro que você realmente não tem. O capital emprestado que você negocia é chamado de *alavancagem*.

Digamos que você tenha US$ 10.000. Relativamente falando, é a sua margem. Digamos que você decida negociar com alavancagem 1: 4. Isso significa que você pode fazer uma transação de US$ 40.000. Sua margem é de 25%. Você compra por US$ 40.000 e, se a moeda comprada começar a crescer, seu lucro se tornará quatro vezes maior, mas se tudo começar a cair, suas perdas também serão quatro vezes maiores. Portanto, se você comprar criptomoeda por US$ 10.000, poderá perder todo o seu dinheiro apenas se seu ativo (por exemplo, Bitcoin) cair para zero. Se você comprar criptomoeda por US$ 40.000 com alavancagem na conta de margem, perderá todo o seu dinheiro pessoal (US$ 10.000) quando o ativo cair em 25%.

Vamos imaginar outra situação: você mantém a posição da margem no Éter quando ocorre uma falha instantânea. Nesse caso, sua posição será encerrada pela própria bolsa, uma vez que o Éter cair em mais de 25%. Assim que sua perda for de US$ 10.000, a bolsa fechará sua posição de US$ 40.000. Ou seja, US$ 10.000 é algo como garantia para sua negociação.

Margem ou alavancagem em qualquer outro mercado é uma boa ferramenta para maximizar seu lucro. Quase todos os traders experientes usam alavancagem. No entanto, como dissemos anteriormente, o mercado de criptomoedas é altamente volátil, então aqui a alavancagem pode te matar. E por que é assim? Vamos comparar com o mercado de ações.

O que pode acontecer para fazer com que as ações da Apple caiam, digamos, 20%? Eu acho que nada assim pode acontecer. Portanto, é amplamente seguro negociar ações da Apple com alavancagem, pois essas ações não podem cair repentinamente nem 10%. Ao mesmo tempo, você sempre pode fechar a posição no mercado de ações porque a negociação é estritamente regulamentada e você pode acompanhar todos os eventos.

Por outro lado, o mercado de criptomoedas opera 24/7. Quaisquer acontecimentos são possíveis, incluindo os mais ilógicos e inexplicáveis quando o preço pode subir ou cair em qualquer ponto percentual. Portanto, se você negocia com margem no mercado de criptomoedas, é melhor usar a alavancagem de 1: 2. Negociar com uma alavancagem mais alta será como uma roleta russa. Se você negocia com alavancagem 1: 4, é mais provável que sua posição seja simplesmente destruída.

Sempre seja cauteloso: se você encontrar uma bolsa com uma interface suspeita ou oferecer uma alavancagem 1:20, essa bolsa deve estar à procura de comerciantes marginais. Eles procuram gananciosos, espertinhos e, como mostra a prática, traders estúpidos que desejam aumentar seus lucros vinte vezes instantaneamente. Portanto, lembrarei mais uma vez: se você decidir negociar profissionalmente, deverá ser verificado nas principais bolsas. Deve abrir contas em pelo menos duas delas.

Deve ter duas contas para negociação com margem: a primeira para o seu dinheiro e a outra para a margem. Para começar a negociar com alavancagem, você deve transferir dinheiro da sua primeira conta para uma conta de margem e negociar a partir daí.

Você também precisa saber o seguinte sobre a negociação com margem: Você acha que receberá dinheiro para negociar em troca de um "obrigado"? Claro que não. Você só receberá dinheiro com juros. Se, por exemplo, você usar a alavancagem de 1: 4 e desejar negociar não os US$ 10.000 que possui, mas os US$ 40.000, pagará juros mais altos. Pode atingir 1% -2% por dia. No caso em que estamos considerando, os juros são acumulados em US$ 30.000. Lembre-se que você realmente só tem US$ 10.000.

E, finalmente, aqui estão algumas dicas para iniciantes:

Ao negociar no mercado, compre os ativos cujo valor caiu drasticamente. Esta é minha principal estratégia agora: comprar ativos subestimados ou ativos cujo preço caiu.

Para fechar uma posição, faça um pedido apenas no caso de você ter conseguido obter um lucro superior a 50%. É muito arriscado esperar pelos lucros maiores, portanto feche sua posição quando tiver ganhado 50%. Eu também não recomendo fechar com lucro inferior a 10%. Na minha opinião, 20% é o mínimo que você deve atingir. No entanto, sinta-se à vontade para fazer ordens de venda a 30% ou mais se você fizer negociações intradiárias.

Não se esqueça que a bolsa cobra taxas de comissão. Quanto menos você negocia, maiores são as taxas. E quanto mais o seu volume de negócios cresce, mais as taxas de comissão caem.

Negociação Diária e Negociação de Posição de Longo Prazo

Concentremo-nos no cronograma do seu trabalho na bolsa de criptomoedas.

Antes de começar a negociar, você precisa decidir sobre um ponto muito importante, a saber, quanto tempo você está disposto a dedicar ao trading. Obviamente, a melhor opção é sentar-se no computador por 5-6 horas todos os dias, sempre fechando posições e monitorando a situação. No entanto, a maioria das pessoas agora escolhe outra opção devido à falta de tempo. Eles negociam uma vez por semana. Em um dia específico, esses traders analisam todas as notícias da semana, bem como quaisquer gráficos, e decidem quais posições devem abrir ou fechar.

Muitas pessoas escolhem esta opção, então aqui estão algumas dicas:

- Escolha um dia específico da semana que você dedicará consistentemente à negociação;
- Neste dia, examine seu portfólio - que moeda subiu e o qual caiu?
- Siga as notícias.

Tome decisões dependendo das notícias e da composição do seu portfólio. Se algum ativo não tiver subido ou tiver caído de valor, feche a posição. Se você notou algo promissor ou queda de preço, compre-o. Você deve realizar essas operações todos os dias da semana que escolheu para negociação. A propósito, eu recomendo usar o Blockfolio para tornar o rastreamento de suas posições mais prático.

Recapitulando, aconselho escolher entre dois tipos de negociação: monitoramento diário com ordens de venda limitadas ou monitoramento uma vez por semana.

Ao mesmo tempo, algumas bolsas de criptomoedas, por exemplo, Bitfinex, oferecem negociação de balcão (OTC). A abreviatura OTC significa Over The Counter, que significa transação de balcão. Este é um mercado descentralizado, sem uma localização física central, onde os participantes do mercado negociam ativos por meio da rede de revendedores.

Por exemplo, se você não tiver tempo para acompanhar o mercado e se envolver totalmente na negociação, efetuando pedidos, poderá usar os serviços desse mercado. Sua operação será realizada por telefone celular ou e-mail. Então, você diz a um revendedor que, por exemplo, deseja comprar 250 bitcoins. Tendo analisado o mercado, o revendedor responde quanto você deve pagar por essa quantidade de bitcoins. O revendedor cobrará taxas por este serviço.

Analisando Padrões de Gráficos

Acredita-se amplamente que uma vocação ou instinto natural para negociar seja um dos principais fatores de sucesso em qualquer bolsa. No entanto, é um pensamento equivocado. Para obter lucro, você precisa aprender principalmente a analisar a situação do mercado. A habilidade de ler os gráficos permitirá que você tome as decisões corretas de negociação e ganhe dinheiro.

Existem dois tipos de padrões de gráficos no mercado de criptomoedas: gráficos de linhas e gráficos japoneses de velas. Aqui estão algumas informações práticas sobre cada um deles.

Os gráficos de linhas funcionam bem para negociações de médio prazo, pois você não presta atenção aos indicadores mínimo e máximo. Tais indicadores são levados em consideração nos gráficos de velas japoneses.

Os gráficos de velas japoneses são a maneira mais comum de exibir gráficos de preços. Os comerciantes os amam por sua simplicidade e clareza. Diferentemente dos gráficos de linhas, os castiçais são mais úteis para a tomada de decisões nas negociações. Eles permitem que você veja a imagem geral do mercado e projete movimentos de preços. Portanto, é realmente melhor para os traders analisar os gráficos de velas japoneses, embora eu ache que os novatos precisam trabalhar com gráficos de linhas. Ainda mais se você pretende fazer investimentos de longo ou médio prazo.

Cada gráfico tem seu próprio período de tempo, ou seja, um período que você pode observar. Nos gráficos de velas japonesas, o período é de uma hora, um dia, uma semana. As velas são geralmente compostas pelo corpo (preto ou branco) e pelas sombras superior e inferior (chama). O corpo (retângulo) ilustra as operações de abertura e fechamento. A chama ilustra os preços negociados mais alto e mais baixo de um título durante o intervalo de tempo representado.

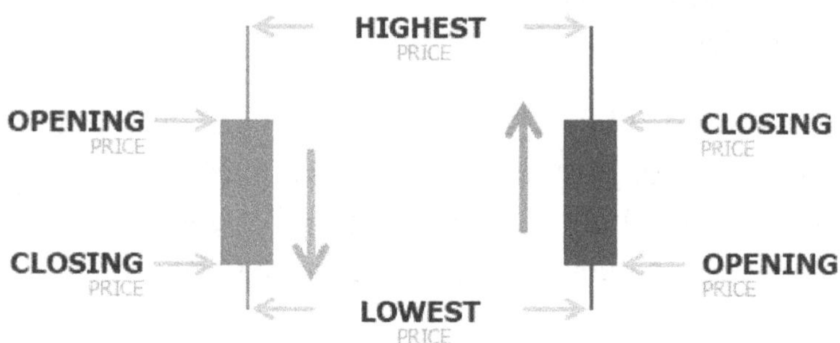

Podemos ver o preço de abertura e o preço de fechamento. Essas duas posições geralmente são marcadas com duas cores. Se o preço de abertura estiver abaixo do preço de fechamento, significa aumento e é marcado com uma cor diferente no gráfico. Se for vice-versa, as ações estão caindo.

É um pouco mais difícil determinar o prazo em um gráfico de linhas. Normalmente, vejo como a situação muda ponto a ponto.

Que período de tempo você deve analisar? Pessoalmente, não analiso gráficos intradiários. O gráfico por hora é o menor com o qual trabalho. Então uso gráfico por hora + diário. Também é uma boa ideia analisar os gráficos semanais e de um mês, pois o mercado de criptomoedas é bastante jovem e você poderá ver os preços mínimo e máximo anteriores.

Em que você deve prestar atenção? Na análise técnica, todas as pessoas respondem igualmente a certas coisas.

Portanto, toda pessoa que olhar para o gráfico verá e dirá igualmente: "Ele caiu aqui, mas subiu lá. Começou aqui, mas agora está lá. " Os gráficos levam as pessoas a agir de uma maneira específica e dizem: "Oh, o preço máximo foi atualizado, então eu comprarei." E então percebo que as pessoas tendem a comprar quando veem números redondos (por exemplo, quando o Ether atinge US$ 400 ou o Bitcoin atinge US$ 5.000).

Percebo também que todas as pessoas reagem a eventos recorrentes. Se você já atingiu um pico, espera que dispare novamente e suba ainda mais. No entanto, o mercado de ativos reais difere muito do mercado de criptomoedas. O mercado de ativos reais possui algoritmos próprios e grandes jogadores. Também existem grandes jogadores no mercado de criptomoedas, mas esse mercado ainda é muito jovem, pois começou a existir apenas em 2013. Sim, em 2013. Talvez alguns especialistas ou negociantes individuais de TI tenham começado a se interessar pelo mercado de criptomoedas em 2011 ou 2012, mas especuladores entraram nele apenas em 2013. Consequentemente, este mercado é muito novo, e não enfrentou nenhuma crise ainda. Apesar disto, o mercado é continuamente atualizado, isto é, há definitivamente determinados ciclos. Consequentemente, os eventos recorrentes são picos duplos e triplos e também quedas duplas e triplas. Há uma atualização constante dos preços mínimo e máximo.

Os indicadores de mercado também ajudam a captar o clima do mercado de criptomoedas. Pessoalmente, não os uso, mas recomendo tais ferramentas.

Em um mercado volátil, as pessoas prestam atenção à **média móvel**. O que é isso? Como regra, quando você olha um gráfico, tem uma mediana em sua cabeça que divide o cronograma em dois e pode determinar imediatamente o preço médio. Essa mediana reduz pela metade o gráfico: tudo acima da linha é caro, enquanto abaixo significa barato.

Assim, para um gráfico diário, às vezes uso uma média móvel de 50 dias e uma média móvel de 200 dias. Você também pode aplicar uma média móvel de 20 dias. No entanto, eu realmente não preciso delas, pois meus olhos estão treinados o suficiente para determinar a média.

O indicador mais importante a ser usado é o **volume**. Mostra o número de transações por um determinado período. Se você usar um gráfico de velas, esse indicador mostrará um número de negociações para uma vela. O volume geral é mostrado, ou seja, quanto foi comprado e quanto foi vendido. Portanto, você sempre pode determinar a liquidez, ou seja, para entender quanto você pode comprar em princípio.

Portanto, acredito que qualquer movimento seu deve ser acompanhado por volume. Se o volume começar a crescer, esse é um bom sinal, pois mostra que mais e mais participantes estão chegando ao mercado.

Portanto, qualquer movimento forte (atingindo um novo máximo ou mínimo) deve ser acompanhado por volume. Além disso, ele deve ser acompanhado de um **pico de volume**. É a partir deste ponto, como regra, que todos os movimentos começam e terminam. Se você perceber que o preço de uma moeda está crescendo fortemente, o volume está aumentando e um pico de volume começa, é uma boa oportunidade para obter lucro.

Outra situação: se você perceber que um movimento começa a cair e o volume, pelo contrário, começa a aumentar, é melhor esperar pelo pico de volume.

Agora vamos considerar onde você pode seguir os gráficos.

De fato, a diferença entre as bolsas Poloniex, Kraken e Bitfinex é extremamente insignificante. Por exemplo, o preço da moeda pode ser $ 245 no Kraken, $ 248 no Poloniex e $ 244 no Bitfinex. Parece que há uma diferença, mas os gráficos são na verdade completamente correlacionados e muito semelhantes. Portanto, não faz muita diferença exatamente onde segui-los.

Vamos agora discutir quando você deve entrar no negócio.

Você deve entrar no mercado apenas de olho no volume. A primeira razão é quando existe um **intervalo** (quando o preço permanece dentro de um intervalo específico e não se move) + pico. Você deve comprar quando o preço sair do intervalo e vender quando o preço cair. A segunda razão para entrar em uma posição é alcançar uma nova máxima e baixa (nova alta / nova baixa + pico). E a última razão é o estreitamento e o aumento da volatilidade. Este método também é chamado de triângulo. Não importa que tipo de triângulo você tenha, já que o mais importante é o aparecimento e aumento da volatilidade.

O gráfico é assim:

Um aumento de volume confirma que esse padrão funcionará de fato. E como a volatilidade está diminuindo? Isso atesta o fato de que alguém deseja fechar a posição.

Tenho certeza de que você não precisa procurar muitas estratégias para entrar, porque as que descrevi serão suficientes.

Você também deve entender que a melhor oportunidade para comprar é o chamado **reteste**. Existem diferentes níveis de suporte e resistência.

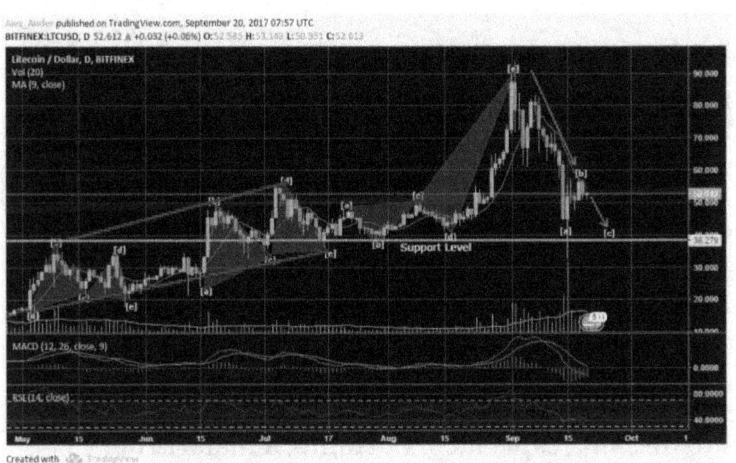

Um novo teste é a entrada mais segura (em termos de risco de transação), pois você tem um motivo para entrar, uma fuga, uma confirmação de que uma baixa não ocorrerá e, finalmente, uma saída. Se isso for acompanhado de volume, tudo estará perfeito. Ou seja, há resistência horizontal, linhas de suporte e volume.

Agora, quero lhe dar minhas últimas dicas.

Sua entrada deve ser escrita. Ou seja, você deve definir os motivos claros para entrar no seu notebook. Por exemplo, compro porque: todas as principais moedas sobem; minha moeda atualiza o máximo; minha moeda atinge uma cifra redonda; apareceram boas notícias sobre minha moeda etc. Toda vez que você faz algo, você precisa pegar uma caneta, uma folha de papel e anotar tudo. Se não estiver escrito, você pode se enganar. Afinal, somente regras escritas serão obedecidas.

Além disso, não confunda a entrada técnica (baseada em análises e gráficos técnicos) e a entrada fundamental, o que não implica uma saída clara. É um pouco prolongado no tempo e você sai confiando apenas nas condições de gerenciamento de dinheiro (falaremos sobre isso mais tarde). Por exemplo, você decidiu nunca sofrer mais de 10% de perda em uma posição. Esse é o seu limite. No entanto, a análise técnica implica um ponto de entrada específico e um ponto de saída específico. Portanto, a maioria dos iniciantes usa análise técnica, pois é simples o suficiente para determinar os pontos de entrada / saída.

Capítulo 13. Estratégias de Investimento

Agora, vamos falar sobre algumas estratégias importantes de investimento em criptomoedas.

Por que eles são tão importantes?

A principal tarefa de um participante no mercado de criptomoedas é determinar a estratégia mais lucrativa e adequada. Atualmente, as opções de ganhar dinheiro no setor de criptomoedas não se limitam a dois ou três. Há muitas.

Assim que você investigar minuciosamente o mundo das criptomoedas, encontrará a estratégia mais adequada para você, dependendo do tempo e dos meios disponíveis. Afinal, não existe uma decisão completamente certa ou uma estratégia de investimento completamente correta. Ao mesmo tempo, você precisa investir razoavelmente, então pegue um caderno e uma caneta e vamos dar uma olhada nas minhas estratégias

7 ESTRATÉGIAS DE INVESTIMENTO + 2 ESTRATÉGIAS
PERFEITAS

ESTRATÉGIA 1:

O CAMINHO DO SAMURAI

Chamo a primeira estratégia de investimento de *O Caminho do Samurai* ou *Simplesmente Compre Bitcoin*. Então, seguindo essa estratégia, você só precisa comprar Bitcoin.

Essa estratégia é boa em todos os aspectos. É simples de implementar e você não precisará se aprofundar nas sutilezas dos conceitos econômicos ou técnicos.

Você pode obter o maior lucro usando essa estratégia. No entanto, essa estratégia tem seus riscos, o que explicarei um pouco.

SIGA O DINHEIRO

Sugiro que você compre uma certa quantidade de moedas diferentes entre as 10 melhores criptomoedas de hoje. Em outras palavras, você comprará vários líderes de mercado. As moedas, cujo preço disparará, compensarão as perdas provocadas pelo fracasso das outras moedas.

Essa estratégia também implica riscos enormes. Nada pode protegê-lo do fato de que moedas aparentemente estáveis até agora podem cair consideravelmente em valor no próximo ano. Você deve se lembrar que, no momento, não há motivos fundamentais para proteger o Bitcoin de falhar, o que, por exemplo, pode ser provocado pela incapacidade de suportar a concorrência de outras moedas. Essa é uma possibilidade muito real, apenas porque o Bitcoin é uma das criptomoedas tecnicamente mais fracas.

Portanto, se você não quiser se tornar um refém das circunstâncias, não faça suas apostas em apenas uma moeda, como fiz cinco anos atrás. Quero compartilhar esta história com você. Deixe-me contar sobre a noite mais cara da minha vida, que me custou US$ 60.000.

Então, como eu consegui gastar uma quantia tão grande em uma noite? É muito simples. Certa noite, decidi relaxar com meus amigos em uma pequena cidade onde um deles morava. Fomos a um bar, famoso pelo peixe mais delicioso e coquetéis fantásticos da cidade. Naquela época, eu seguia o preço da moeda que tinha comprado anteriormente (Bitcoin) várias vezes ao dia. Eu tinha notado que estava caindo hora a hora. Por alguma razão, não me preocupei muito, até que a bateria do meu celular acabou e não pude verificar o preço do Bitcoin na bolsa. Eu achava que o assunto poderia esperar.

Acabei perdendo mais de US$ 60.000 na bolsa durante as três horas em que nos divertimos no bar.

Se eu tivesse sido mais ativo quanto ao meu telefone que estava descarregando e tivesse acessado a bolsa de criptomoedas, poderia ter tido a oportunidade de vender a moeda antes de sofrer perdas tão devastadoras. Definitivamente vou me lembrar daquela noite no bar pelo resto da minha vida.

TRADING:

Muitas pessoas pensam em trading como análise, padrões e modelagem técnica, mas o trabalho do profissional é na verdade uma avaliação subjetiva do que está acontecendo no mercado.

A primeira coisa que bons negociadores devem fazer, além de beber um copo de uísque (sorriso), é prever quais criptomoedas subirão no mercado. Depois disso, os traders precisam prever o melhor ponto para entrar no mercado. E depois? Devem continuar fazendo previsões de quando os preços das moedas começarão a cair.

No entanto, a parte mais importante do trading é ter uma quantidade colossal de experiência e até um pouco de sorte. Um trader também deve repetir todas as ações acima constantemente. Esse é o problema, porque nem sempre tudo funciona bem, enquanto os riscos devem ser assumidos o tempo todo.

É por isso que, na minha opinião, trading serve para pessoas com mente de engenheiro, que têm muito tempo livre e, mais importante, forte de espírito.

MINERAÇÃO

Você só precisa de equipamentos de informática para implantar essa estratégia. E depois? Você liga na tomada e espera o dinheiro entrar no seu bolso.

Como você ganha dinheiro? Como mencionei anteriormente, os mineradores recebem recompensas por fornecer capacidade de computação à rede. A rede recompensa os mineradores com moedas por seus equipamentos e trabalho.

Se você quiser aprender como começar a mineração, baixe o livro de bônus "Mineração de Criptomoedas".

OIMs

Atualmente, o mercado de criptomoedas oferece mais oportunidades para investidores ativos. Esse tipo de estratégia combina com você se você tiver muito tempo livre (e dinheiro), experiência suficiente e quiser obter lucros grandes e rápidos. Embora essa estratégia seja muito lucrativa, também é muito arriscada, principalmente para iniciantes.

O princípio mais importante da estratégia da OIM, que também chamo de *startups*, é o seguinte: a economia de criptomoedas criou uma maneira muito simples para pessoas que têm ideias inovadoras e interessantes para financiar seus projetos. Eles não precisam mais gastar sola de sapato, implorando e convencendo as grandes empresas da lucratividade de investir em sua ideia. Agora, esses investidores e desenvolvedores simplesmente compartilham uma proposta em seu site. Se você estiver interessado na ideia deles, publica o endereço da sua carteira para receber tokens se essa ideia for bem sucedida. O risco é que você precise investir dinheiro agora para obter uma recompensa em potencial no futuro.

No passado, as regras do jogo com OIMs eram bastante simples. Dou-lhe um dólar e você me dá dois tokens. Agora algumas OIMs se esforçam absurdamente. De um modo geral, depois de investir na OIM, pode acontecer que você possa trocar seus tokens apenas na sexta-feira à meia-noite, na lua cheia, e somente se você for uma sereia com cauda azul. Talvez meu exemplo seja obviamente um exagero, mas demonstra perfeitamente a falta de transparência das regras da maioria das startups (OIMs).

Se não era muito difícil encontrar um grão de verdade entre a variedade de OIMs há meio ano (uma vez que apenas alguns apareciam em uma semana e podiam ser facilmente analisados), agora novas OIMs aparecem quase a cada hora, e você não tem tempo para examiná-las todas.

O que eu recomendaria a um novato que é tentado a provar a sorte com as OIMs?

Primeiro de tudo, você precisa ter uma boa noção do nicho de negócios em que vai investir. Se você é experiente, pode analisá-lo e entender se ele tem perspectivas de sucesso. Também aconselho você a ouvir o que investidores e especialistas experientes dizem e prestar menos atenção ao que está escrito no site da OIM. Diria mesmo que você não deve investir em nenhuma OIM que não seja mencionada em pelo menos três relatórios analíticos profissionais de especialistas reconhecidos.

PENNY STOCKS

Se você sabe alguma coisa sobre o câmbio de moedas, a noção de Penny Stcoks, também conhecido como estoques de micro capitalização, definitivamente deve soar conhecida para você. Grosso modo, essas são ações da empresa de que ninguém precisa. No entanto, essas ações têm uma característica: são tão baratas que nada as impede de aumentar em dez vezes o valor. Esse salto mágico pode ocorrer devido a boas notícias, uma pequena manipulação do mercado ou qualquer outro motivo.

Então, como você pode tirar proveito dessa estratégia? Você compra as moedas mais estranhas e mais obscuras e depois espera e vê como a situação se desenrolará. Durante o ano, os preços de algumas de suas moedas podem disparar. Se isso acontecer, você deverá vender imediatamente essa moeda. Se você comprou cinquenta moedas, um salto no preço de uma moeda muito barata compensa todo o seu portfólio de investimentos.

Esse tipo de estratégia não permite que você mergulhe profundamente nos princípios dos negócios de criptomoeda. Tudo que você precisa fazer é comprar "lixo" e vendê-lo a tempo. No entanto, essa estratégia não é minha prerrogativa, pois se assemelha a um cassino. Você não precisa de habilidades ou conhecimentos, apenas sorte. Você não pode, de forma alguma, influenciar o que acontece ou gerenciar riscos, pois tudo depende de boa sorte.

VAI POR MIM

Essa estratégia é ideal para você, se você não tem experiência no ramo de criptomoedas, mas tem dinheiro para jogar. No entanto, você precisa estar pronto para correr riscos e confiar seu dinheiro a estranhos. O mundo dos negócios de criptomoedas não é regulamentado por leis; portanto, ninguém pode garantir que uma empresa ou pessoa que prometeu ganhar dinheiro para você não pegue seu dinheiro e vá para alguma ilha paradisíaca.

Existem muitas empresas no mercado que oferecem lucro em troca de confiança. Algumas empresas, por exemplo, oferecem contratos de mineração para quem quer minerar, mas não tem capital para investir em todo o equipamento e espaço. Isso é chamado de mineração em nuvem. Outro tipo de empresa são os fundos de criptomoeda. Essas empresas não sabem como minerar, mas são boas em prever moedas promissoras. O terceiro tipo são os fundos mútuos da OIM. Esses caras gastam seu tempo examinando as startups do mercado, nas quais investirão posteriormente. Finalmente, a quarta opção é o trading. Você dá o controle do seu dinheiro a outra pessoa, que fará a negociação por você.

Agora que examinamos essas sete estratégias de investimento, por favor, considere que **NENHUMA DESTAS ESTRATÉGIA É PERFEITA.**

Antes de jogar este livro contra a parede, deixe-me compartilhar duas **ESTRATÉGIAS DE INVESTIMENTO PERFEITAS**.

Na minha opinião, existem duas estratégias perfeitas.

A primeira depende de você acreditar sinceramente no futuro da criptomoeda. Se você acredita, deve adotar algumas estratégias de seu interesse, misturá-las e começar a obter lucro dessa maneira: diversificando suas chances de obter lucro e também os riscos.

Se, no fundo, você realmente não acredita no futuro do negócio de criptomoedas, deve prestar atenção à **segunda estratégia de investimento perfeita**: ganhar dinheiro com aqueles que acreditam no futuro da criptomoeda.

Eu chamo essa estratégia de **Venda de Pás**. Algumas pessoas precisarão de equipamentos e instalações de mineração, outras precisarão de fundos, outras precisarão de informações e você poderá ganhar dinheiro satisfazendo suas necessidades.

Capítulo 14. Gerenciamento de Riscos e de Dinheiro

A gestão do dinheiro é provavelmente um dos conceitos mais importantes no investimento. Se você não tiver uma abordagem competente para calcular o tamanho do lote, sua conta não será iniciada, independentemente da sua estratégia de negociação. Espero que juntos descubramos como calcular seus riscos.

Então agora leia atentamente as principais regras de gerenciamento de dinheiro que eu defino para o mercado de criptomoedas.

10% do risco em uma negociação. Ou seja, se você entrar em uma negociação, não assuma mais do que 10% do risco. Se você efetuar cinco operações por dia, respectivamente, deverá dividir 10% do risco por 5. Não faça transações frequentes, tentando ganhar mais. Você perderá muito dinheiro pagando comissões à bolsa.

30% do dinheiro da conta é o mínimo que você deve sempre ter. Você nunca deve possuir apenas criptomoeda ou apenas dinheiro tradicional. Mesmo quando o preço da moeda cai, você deve ter alguns ativos em criptomoeda. Respectivamente, quando o mercado sobe, você deve ter menos ativos no Bitcoin e mais ativos no Ether e altcoins. Quanto maior a capitalização de um ativo, menos volátil ele é. Portanto, se você quiser ter menor volatilidade na queda, mantenha parte do dinheiro em Bitcoin. Pode ser de 10 a 20% de todos os seus fundos, mas você não deve guardar tudo em dinheiro. Se você possui Bitcoin, pode comprar altcoins, pois geralmente são negociados com precisão por Bitcoin. Ao mesmo tempo, você deve ter pelo menos 30% em dinheiro, mesmo quando o mercado vê um supercrescimento. Você pode precisar de dinheiro para uma nova OIM interessante, um novo movimento com algum tipo de altcoin etc.

O motivo da entrada deve ser igual ao motivo da saída. Sempre que você entra em uma negociação, você deve saber quando irá sair. Você deve ter um plano de saída para qualquer situação. Todos os seus planos devem estar claramente descritos no papel e você não deve se retirar deles.

Diversificação de mercados e ativos. Se você faz trading, deve fazê-lo em pelo menos duas bolsas importantes. Não corra riscos, mesmo que a bolsa recém-aberta o seduza com pequenas taxas ou se você receber uma recompensa.

Não faça muitos negócios e evite apostar. Aqui você precisa entender com que frequência você abre o terminal e monitora as cotações. Eu recomendo que observe os movimentos de criptomoeda não mais do que uma vez por dia. Escolha a hora do dia em que você se sentir confortável para fazer isso. Por exemplo, você chega em casa do trabalho, serve um copo de vinho tinto (ou uma xícara de chá) e senta-se com calma para ver o que há de novo no mercado de criptomoedas. Você não precisa acompanhar o mercado a cada dez minutos compulsivamente. Esse comportamento nervoso não fará bem à sua saúde nem ao seu bolso.

Tenha sua própria opinião e não ouça a massa. Não existe uma pessoa no mundo que lhe diga com certeza quanto custará o Bitcoin amanhã ou faça outras previsões precisas. Portanto, se você ouvir previsões muito otimistas em favor de uma determinada moeda, essa pessoa provavelmente será tendenciosa de alguma forma.

Não esqueça que nada pode ser 100% seguro. Sugiro que sempre seja razoavelmente cético. Ninguém sabe o que vai acontecer no futuro. Lembre-se disso e veja além do truque. Se alguém o convence de alguma coisa, pergunte-se por que essa pessoa defende sua posição com tanta veemência. Você pode ouvir a opinião de outras pessoas, mas não pode investir sendo guiado pela opinião delas.

Mantenha as paradas na sua cabeça. Como dissemos anteriormente, não faz sentido usar ordens de parada no mercado de criptomoedas, pois elas podem não funcionar ou funcionar mal. Portanto, sempre mantenha sua parada (seu ponto de saída) na cabeça ou anote-a em um caderno. Por exemplo, comprei o Ether por US$ 250 e fecharei a posição em US$ 200.

Riscos. Tenho certeza de que, depois de ler este livro, você entendeu claramente que o mercado de criptomoedas é muito arriscado. Mas você não obterá tais lucros em nenhum outro lugar. Você não pode dobrar ou triplicar uma soma em um dia em nenhum outro lugar.

Finalmente, lembre-se que não há garantias no mercado de criptomoedas. Se uma pessoa lhe der garantias, ela é uma mentirosa. Esteja pronto para isso, pois tais situações são bastante comuns neste mercado. As pessoas mais astutas e inteligentes (criadores de OIMs, traders experientes etc.) competem no mercado de criptomoedas e cada uma delas persegue seus próprios objetivos.

Capítulo 15. Mentalidade de investidor e Dicas Úteis

Você provavelmente concorda que a mentalidade por trás de qualquer empreendimento que você deseja ter sucesso é extremamente importante. Algumas pessoas têm a mentalidade *certa* desde a infância, enquanto outras precisam continuar trabalhando para desenvolvê-la.

De qualquer forma, quero destacar alguns pontos chaves que você pode usar para obter lucro no mercado de criptomoedas ou pelo menos evitar grandes perdas.

Não seja ganancioso. Não espere que o preço suba ainda mais para poder lucrar mais. Sua ganância pode resultar em você não apenas não ter lucro, mas também sofrer perdas.

Tenha paciência. Se você comprar uma moeda a um determinado preço e não vir movimentos fortes para cima ou para baixo, não entre em pânico e venda imediatamente. Conheço muitos exemplos em que preços quase estáveis de uma criptomoeda subitamente subiram dez vezes em uma semana. Você pode perguntar: como não perder quando o mercado cair? Minha resposta é: não troque toda a sua criptomoeda par impulso! Muitas pessoas cometem esse erro e o lamentam mais tarde. Antes de vender tudo, é melhor monitorar fóruns temáticos e análises de usuários sobre esta moeda.

Sempre leve em consideração a profundidade do mercado. Se houver muitos vendedores e poucos compradores, você poderá comprar alguns ativos a um preço aparentemente atraente, mas não conseguirá vender tudo o que comprou.

Acompanhe o volume de negociação e a capitalização de criptomoedas. Você deve fazer isso para saber se haverá picos. Assim, analisando as mudanças no preço das criptomoedas e encontrando certas regularidades, você pode criar sua própria estratégia e plano de negociação. Você pode começar a refiná-lo em condições reais, começando com pequenas quantidades permitidas em quase todas as bolsas. Se sua estratégia for bem-sucedida, você poderá aumentar gradualmente seus investimentos.

Por fim, mais uma vez, ofereço as minhas dicas rápidas e eficazes. Espero que elas o ajudem a se tornar um investidor de criptomoeda de sucesso.

- ✓ Não mude de estratégia volta e meia
- ✓ Retire seus lucros
- ✓ Não se esqueça dos seus objetivos iniciais
- ✓ Não tome decisões precipitadas
- ✓ Automatize os processos o máximo possível.

CONCLUSÃO

No começo deste livro, escrevi que muitas pessoas não levam a sério a criptomoeda por causa dos muitos mitos que cercam o mercado. Vamos resumir esses mitos agora e finalmente dissipá-los.

Primeiro, muitas pessoas pensam que a coisa mais importante e atraente no mercado de criptomoedas é o potencial para grandes lucros e entra no mercado apenas por esse motivo. No entanto, na minha opinião, o lucro é uma coisa absolutamente secundária, que você pode obter em qualquer negócio. A questão é: que riscos você está disposto a correr? Portanto, o tópico mais importante na criptomoeda é o risco.

Ao mesmo tempo, diz-se que a relação lucro / risco é muito distorcida no mercado de criptomoedas. Algumas pessoas supõem que se você corre um pequeno risco em qualquer outro mercado e obtém um pequeno lucro com ele, então aqui você obtém centenas de vezes mais lucro ao assumir a mesma quantidade de risco. Não é verdade. A relação entre lucros e riscos é sempre aproximadamente média. Se fosse realmente possível obter um grande lucro com riscos baixos, os bancos suíços estariam sem nada de dinheiro, porque todo mundo já teria investido nesse negócio.

Muitos outros também argumentam que é tarde demais para mergulhar no mercado de criptomoedas porque se tornou popular recentemente e todos os lucros já foram obtidos e divididos. Eu concordo apenas com o fato de que será difícil para os novatos por causa da moda das criptomoedas, mas esse é o motivo para pensar que é tarde demais para entrar no mercado e receber seu petisco? Se você estuda constantemente, se esforça e tenta, também começará a ganhar um bom dinheiro. O trabalho duro sempre compensa. Pode levar mais tempo e recursos, mas um esforçado será definitivamente recompensado com sucesso.

Além da opinião de que agora é muito tarde para entrar no mercado, algumas pessoas dizem que apenas programadores ou traders profissionais podem trabalhar nesse mercado. Isso é um mito. Se você é médico, professor ou gerente de nível médio, também pode ganhar muito dinheiro no mercado de criptomoedas. Pode-se aprender as informações necessárias e adquirir as habilidades necessárias, independentemente de suas habilidades atuais. Ninguém nasceu para ser um artista, mas você pode se tornar um artista dominando diferentes técnicas de desenho.

De um modo geral, não sei que conclusões você tirou depois de ler meu livro. Só espero que você, pelo menos, saiba agora que a criptomoeda é uma realidade atual, não uma questão do futuro. Quanto mais cedo você entender isso, mais poderá se afastar dos céticos que correm atrás deste trem. Portanto, recomendo muito que você diga "sim" à criptomoeda.

Se você leu este livro todinho, também acredito sinceramente que o ajudei não apenas a entender os mitos e princípios básicos das criptomoedas, mas também a criar uma base para negócios lucrativos a longo prazo nessa área. Uma pedra angular já foi lançada, mas este é apenas o começo. Agora tudo depende de você. Interprete o conhecimento, pois é possível aprender e receber algo apenas fazendo tentativas. Dê os primeiros passos no mercado de criptomoedas usando as estratégias menos arriscadas.

Agora, quero falar com aqueles que têm certeza de que não há necessidade de fazer esforços especiais neste negócio. Você pode pensar que basta pressionar o botão "Iniciar" e o dinheiro cairá do céu. Se você já se imaginou sentado à beira-mar, esperando que o negócio de criptomoedas lhe permita viajar o tempo todo sem a necessidade de trabalhar, você está muito errado. Esse negócio, como qualquer outro, exige que você saia do sofá e coloque seu esforço, inteligência e dinheiro para trabalhar para criar um futuro de sucesso.

O principal requisito necessário para você é acreditar em si mesmo e na criptomoeda. Afinal, são aquelas pessoas que acreditaram no Bitcoin há alguns anos atrás que agora têm uma enorme fortuna e influência. Portanto, acredite no início da economia de criptomoedas!

Algumas dicas em conclusão:

Primeiro, você não deve levar a criptomoeda muito a sério. O mercado de criptomoedas é muito volátil e, se você não aprender a lidar com riscos e perdas com facilidade, ficará louco. É melhor ter uma atitude tranquila com relação a esse negócio desde o início. Pessoalmente, acho que é impossível sobreviver no mercado de criptomoedas sem humor e até um palavrão ou outro☺. Ao mesmo tempo, não trate esse negócio como um cassino ou uma loteria. No mercado de criptomoedas, você precisa ter uma estratégia sólida e um forte senso de propósito.

Segundo, você deve ser cauteloso e cético em trabalhar nesse mercado, como já discutimos no começo do livro.

Portanto, meu caro leitor, eu espero que, depois de ler este livro, você:

- ✓ pare de seguir as notícias sobre criptomoedas e comece a ganhar dinheiro neste mercado
- ✓ entenda todas as sutilezas desse campo para sempre e seja capaz de identificar golpistas no mercado de criptomoedas
- ✓ escolha a maneira de obter lucro no mercado de criptomoedas que melhor lhe convier
- ✓ invista seu dinheiro habilmente e obtenha um bom lucro
- ✓ encontre uma fonte de renda semipassiva e talvez até largue o emprego com o qual está cansado e chateado

✓ estabeleça dezenas de contatos úteis com investidores e empreendedores de criptomoedas;
✓ realize seus sonhos ☺

Sobre o Autor

Alan T. Norman é um hacker orgulhoso, esclarecido e ético da cidade de San Francisco. Depois de se formar na Universidade de Stanford, ele agora trabalha para uma empresa de tecnologia da informação de tamanho médio no coração da SFC. Aspira a trabalhar para o governo dos Estados Unidos como um hacker de segurança, mas também adora ensinar aos outros o futuro da tecnologia. Alan acredita firmemente que o futuro dependerá fortemente dos "geeks" dos computadores, tanto para a segurança quanto para o sucesso das empresas e futuros empregos. Em seu tempo livre, ele gosta de analisar e examinar tudo sobre basquete.

Livro Bônus Baleias do Bitcoin

Link no livro: http://bit.ly/2LprwpV

OUTROS LIVROS DE ALAN T. NORMAN:

Negociação de Cryptomoeda Pró

https://geni.us/crypto-pt

Dominar a Bitcoin para Principiantes

https://geni.us/bitcoin-pt

Tecnologia Blockchain Explicada

https://geni.us/blockchain-es

Guía De Hacking De Computadora Para Principiantes

https://geni.us/hacking-es

Hacking: Como criar seu próprio keylogger na linguagem de programação C ++

Hackeado: Guía definitiva de Kali Linux y Hacking inalámbrico con herramientas de seguridad y pruebas

https://geni.us/hackeado-es

E OLHA A ÚLTIMA COISA AQUI.

VOCÊ GOSTOU DO LIVRO?

SE GOSTOU, ME CONTE DEIXANDO UM A AVALIAÇÃO NA AMAZON! As avaliações são a força vital de autores independentes. Gostaria muito de receber algumas palavras e classificações, se é tudo o que você tem tempo para fazer.

Se você não gostou deste livro, então me diga! Envie um e-mail para alannormanit@gmail.com e me conte o que você não gostou! Talvez eu possa consertá-lo. No mundo de hoje, um livro não precisa ficar estagnado, ele pode melhorar com o tempo e o feedback de leitores como você. Você pode influenciar este livro e agradecemos seus comentários. Ajude a melhorar este livro para todos!